成为有趣人的55条说话公式

「おもしろい人」の会話の公式

[日]吉田照幸/著

郑舜珑/译

中国传媒大学 出版社
北京

献给曾经沮丧地对自己说"我一点都不有趣"的你——这本书将告诉你,和谁都能愉快聊天的秘诀!

前言

就算你不够有趣，也可以说出趣味十足的话！

下班回家的路上，我被市场部的大红人A叫住，只好和他一起去车站。但这期间老找不到话题，气氛有些尴尬……（他会不会觉得我很无聊啊？）

在喝酒聚会的场合，由于气氛不活跃，我灵机一动，跳出来说了一件自己过去的糗事，结果现场气氛反而被我搞得更冷了。（糟糕！后面要怎么收场？）

旁边的人因为我说话无趣而不搭理我，却转身和另一个人聊得很起劲。（明明我已经很努力地表现了，可为什么对方不理我呢？）

我想，任何人都有过类似的烦恼吧？

人的烦恼十之八九都来自人际关系。那么人际关系问题一般都出在哪里呢？当然出在沟通上，比如无法将自己想表达的意思传达给对方、易遭对方误解、聊不到一块儿、无法使人发笑等。

那怎么才能解决呢？反过来想不就得了！**只要聊天有趣，使人发笑，就能聊得起劲，并将想要表达的意思传达给对方，获得对方的理解**。换句话说，有趣可以一口气解决沟通上的所有问题！

身为电视导播和电视剧导演的我，曾经执导过《菜鸟薪鲜人》(サラリーマンNEO)和《小海女》(あまちゃん)，最近则负责执导志村健（日本著名戏剧表演艺术家，被誉为"日本喜剧之王"）首次在NHK（日本广播协会）主演的搞笑短剧《隔壁的志村》(となりのシムラ)。我的工作几乎都和制作搞笑的节目有关，每天满脑子想的都是什么东西好笑，什么东西无趣。

渐渐地，我的日常沟通也开始发生变化，大家觉得我说话越来越有趣了。

在这本书中，我会将自己的秘诀一一传授给你。

35岁以前的我一直很困惑，为什么自己无法把心中想说的话准确地传达给别人？我虽然很努力地想把话说得有趣，但大家却都不觉得好笑。我对此感到很不满。

由于制作节目的关系，我必须和演员、工作人员进行互动。在这个过程中，我认真思考了以下问题：我真的在听对方说话吗？在制作节目时，我是不是一直想表现出自己很幽默，也希望别人觉得我说话很有趣？

经过思考，我突然意识到，要学会推己及人，既然希望别人欣赏我的幽默，**那首先就要学会欣赏别人的幽默之处！**结果周围人的反应出现了剧烈的变化。

由此，我学到了一点，那就是，**顾虑别人的心情、替人着想才是变得"有趣"的关键！**

只要能做到这点，任何人都能成为有趣的人。

读到这里，可能有人会想退缩，心想：哎哟！我做不到啦！我嘴巴很笨，以前看过很多类似的书，但我还是学不会啊……

可是我要告诉各位，这本书不一样！因为这本书教的，**是让无趣的人也能说出有趣幽默的话的方法。**

每个人的笑点不同，因此这些方法未必能戳中所有人的笑点。但至少用在你希望交好的人身上，可以发挥极佳的效果。

本书讲授的并不是一般大学教授或讲师常讲的沟通理论,而是本人从工作的实战经验中总结出来的沟通妙招。 不过我保证,这些方法绝非只适用于职场,也适合日常生活的沟通。

想要拥有丰富快乐的人生吗?那就通过这本书,学习怎么样变得"有趣"吧!

吉田照幸

目录

THE RULES OF
THE FASCINATING TALK

CHAPTER 1

想和别人聊得开心，就要先转变5个错误的观念！
为什么你说话不好笑？

能带动气氛的人有何与众不同？ ……………………………… 2

〈错误观念1〉愉快的聊天需要有趣的话题 …………………… 4
➡ 愉快的聊天不需要有趣的话题

〈错误观念2〉情绪高涨才能炒热气氛 ………………………… 8
➡ 保持自然状态，别勉强装嗨

〈错误观念3〉一定要有"哏"才好笑 ………………………… 10
➡ 有趣的话题不一定非要用"哏"

〈错误观念4〉只有聊正能量的话题才能聊得开心 …………… 13
➡ 有趣的话题不是"人的不幸"，就是"背后的真相"

〈错误观念5〉等现场气氛热烈起来，再加入圈子 …………… 17
➡ 不要在气氛热烈时加入圈子

只有替人着想，才能与人聊得开心 …………………………… 21

THE RULES OF THE FASCINATING TALK

CHAPTER 2

越聊越起劲！闲聊的 7 条公式
第一步，营造有趣的氛围！

有趣的对话从闲聊开始	24
绝对不要说"我也是"	26
不要问可以用"YES"或"NO"回答的问题	29
与其问"几点、哪里、谁"，不如问"为什么、怎么会这样"	35
将对方所说的信息具象化，就能发掘出新话题	38
不要死板地解读对方的话	42
回答的内容要具体	44
反问对方同样的问题	48

THE RULES OF
THE FASCINATING TALK

CHAPTER 3

**稍微改变说话方式
就能让对话变得有趣的 12 条公式**

为什么他说话这么有趣？	52
有趣的人懂得转换说法	54
找出话中的"矛盾"和"新意"	60
吐槽之前，先肯定对方	65
听完对方的讲述后，回应相反的经历	68
在自夸中加入自嘲	71
"第一名""优秀""精英"都是很好用的笑料	76
举例有两种——"狐假虎威"和"发现共通点"	79
节奏感和具体性很重要	83
遭遇尴尬的时候，搬出主哏来化解	86
为什么大家总爱听出乎意料的事？	91
秃头有分：讨喜的秃头和不讨喜的秃头	93
自己觉得很有趣，但现场反应却很冷淡时的 3 个应对策略	97

THE RULES OF
THE FASCINATING TALK

CHAPTER 4

**情境篇
20条有趣之人的说话公式**

实践！有趣的对话需要充分的准备和足够的勇气	102
〈两人交谈〉八分听，两分说	104
〈与朋友闲聊〉好事以坏事收尾，坏事以好事收尾	107
〈与朋友闲聊〉聊聊最近的小爱好	110
〈在职场受欢迎的秘诀〉对上吐槽，对下装傻	112
〈与上司或前辈说话〉肯定+吐槽，成为受人喜爱的下属	114
〈对下属或晚辈说话〉说一个比对方更加失败的经历——"MORE 失败理论"	120
〈开会〉在保证可行性的前提下，思考有趣的提案	125
〈开会〉神奇吧？只要接纳对方的意见，就能成为有趣的人	130
〈接待客户，与客户聊天时〉自我介绍时，要学会适度自嘲	133
〈接待客户，与客户聊天时〉越是大咖，就越要跟他闲聊	138

〈获得表扬时〉一句"不是我要求这么做的哦",让你既不树敌又达到目的 ……… 140

〈联谊〉受人欢迎的关键不在"吐槽",而在"贴心" ……… 142

〈找结婚对象〉必胜恋爱法则——从表达"我喜欢你"开始 ……… 146

〈约会〉与其逞强耍帅,不如坦诚相待 ……… 150

〈约会、接待〉浏览美食指南之类的网站时,顾客评论比排名更重要 ……… 153

〈约会、宴会〉翻阅杂志找话题 ……… 156

〈约会、宴会〉称赞男性的手表,夸奖女性的挎包 ……… 159

〈冷场〉吐槽要及时,转换话题要慢半拍 ……… 161

〈遇到找不到餐厅或堵车等突发状况〉用"怎么可能"四个字来缓和气氛 ……… 163

〈道歉〉加上肢体动作,更容易传达心意 ……… 168

THE RULES OF
THE FASCINATING TALK

CHAPTER 5

在演讲、主持等场合展现说话魅力的 10 条公式

演讲不用太卖力	172
〈演讲〉鼓起勇气，说出眼前的事实	174
〈演讲〉越是擅长演讲的人，演讲的语气越淡定	180
〈演讲〉反话法——说出与事实相反的话	182
〈演讲〉多点具体，少点客套	185
〈演讲〉谈谈自己的失败经历	189
〈演讲〉临时被叫上台也不怕，试着说出记忆中的小插曲	192
〈主持、撑场〉不要留恋，朝下一个话题迈进	194
〈自我介绍〉善用别人对你的印象	198
〈人前〉逗笑众人的 4 个方法	201
〈人前〉巧妙化解"包袱"不响的尴尬	204
结语	208

THE RULES OF
THE FASCINATING TALK

CHAPTER 1

想和别人聊得开心，就要先转变 5 个错误的观念！

为什么你说话不好笑？

能带动气氛的人有何与众不同？

"好想成为能够炒热气氛的人啊！""如果我说话能有趣一点，可以将话题延续下去该有多好！"我想，许多人都曾有过这样的念头吧。

其实，每个人都有能力炒热气氛。只是由于很多人一想到自己既没有什么有趣的经历，又没有多少幽默细胞，就不敢积极主动地说话了。

实际上，想要炒热气氛，并不需要大谈特谈有趣的经历，也不需要幽默的天分。

不可否认，有些人和搞笑艺人一样，拥有逗人发笑的幽默天分。但即使是一般人，只要稍下点功夫，动点脑筋，也能在日常聚会中炒热气氛。

很多人都误以为说话有趣的关键就是让自己成为众人的焦点，然后把气氛搞热。

但实际上，**说话是否有趣，由听众说了算**。因此，能不能察言观色，有没有替人着想，才是说话是否有趣的关键。

有些人总有办法在适当的时机,进出一句绝妙的评语。我们会觉得这种人脑筋灵活、聪明睿智,其实这是因为他们在对话的过程中,懂得秉持客观的态度,并拥有一颗"替人着想"的心。

另外,说话有趣并不意味着说话好笑。

比如有些综艺节目的主持人,说话不一定好笑,却能把现场气氛炒热。

我觉得,我们对愉快聊天这件事有很多误解。

在本章中,我会列举出许多人认为是对的,但实际上是错的观念。

〈错误观念1〉愉快的聊天需要有趣的话题

愉快的聊天不需要有趣的话题

话题中断,对方沉默,气氛尴尬。得赶快说点什么才行啊!那就聊聊天气好了……谈话又中断了。有没有什么有趣的事情……啊!有了!

"那个,我前几天打算去韩国旅游,结果去机场晚了。我跑得上气不接下气,结果还是没赶上飞机,真伤脑筋啊!"对方没什么反应……该怎么办才好?

各位是不是有过类似的焦虑呢?

为什么话题无法开展下去?首先,赶不上飞机并不是什么稀罕事。其次,说"真伤脑筋啊"的时候,也看不出"哏"在什么地方,让人无法接下去。

诚如标题,想要聊得愉快,**不一定非要聊有趣的事情**。而许多人却不这么认为,他们认为这时候只有说一些逸闻趣事才能使对话继续下去。

举例来说，请各位回想电视上播出的综艺节目。能言善道的主持人几乎都是用普通的语调说话，而只有当嘉宾的回答很糟糕时，才会被主持人当场吐槽："我快受不了啦！出口在那边，不送了。"观众看到这一幕大抵都会被戳中笑点，产生共鸣："他替我说出心声，真爽快！"由此可见，真正有趣的说话方式绝不是刻意的插科打诨，而是在某种情境下的自然反应。

换个场景，知识类节目中的嘉宾大多是知识渊博的学者。但同样是学者，待在研究室、沉浸在书本和论文世界中的学者说出的话，和做实地考察的学者说出的话，其有趣的程度却完全不同。待在研究室的学者固然能展现出他渊博的知识，但怎么也不比拥有实地考察经验的学者说话吸引人。

这两个例子说明，能言善道者大都表现自然，而不会刻意把话说得有趣。因为当说话者刻意表现出想把话说得有趣的意图时，听众反而会显得意兴阑珊。

有些人在碰到对话断断续续、气氛活跃不起来的情况时，就会不服输地想："得说件有趣的事才行。"

其实，没有这个必要。表现自然，做好自己就行。这种自然的表现长久累积下来，就会成为一种标志，之后你光是站在那里，对方就会觉得你很有趣。

○─ 紧张的情绪会传染给对方

与其勉强自己挤出一些有趣的事情，不如抱着轻松随意的心情和对方聊天。因为紧张的情绪很容易传染给对方，反而会让气氛变得尴尬。如果说话的人不放松，听者也没办法放松。一旦双方都陷入紧张状态，对话更不可能变得愉快。

如果你是女性，和一个紧张得直冒汗的男人约会，就算男方拼命说一些有趣的事情，就算你看到对方为博你一笑而做的努力，大概也很难放松下来吧？

但假如聊天的对象是个态度从容、说话沉稳的人，我相信你肯定会比较放松，而不会感到拘束。这么一来，双方自然就能愉快地聊天了。

即使聊到后来没有话题，气氛变得有些尴尬，我相信对方也和你的心情一样，因此不必觉得沮丧。

这时你可以开玩笑说："哈，刚才空气好像瞬间凝固了。"这样就可以轻松地化解尴尬，展开下一个话题。对方甚至会因此而感激你。

那么，到底该怎么聊呢？其实，聊天是否有趣的关键在于提问的功力。**试问，我们最喜欢什么样的人？当然是"关心自己的人"啦**。因此，希望大家在聊天的时候，不要一直想"我要炒热气氛"，而是要想"对方是什么样的人""对方心里在想什么"，保持好奇心，不断地问对方问题，并认真聆听对方说话。先从这一点做起就对了。

公式 01 ▸ **关心对方比聊得愉快更为重要。**

○ 有趣的人＝擅长提问

× 无趣的人＝拼命想说些有趣的事

〈错误观念2〉情绪高涨才能炒热气氛
保持自然状态，别勉强装嗨

当你去热闹的餐饮场所时，仔细观察每一桌的氛围，你会发现有些桌上的人有时嗨，有时不嗨，而有些桌上的人却一直都很嗨。

请问，这两者的差别究竟在哪里呢？

话题有不有趣？人有不有趣？

不，这都不是重点。

两者的差别在于，桌上是一个人嗨，还是全部的人都很嗨！

无论是参与聊天或是参加宴会，总有些人拼命想要炒热气氛，即使他做得很糟糕。我曾目睹过好几次类似的场景。这些人本来就不是风趣幽默之人，可参加聚会时，却逼着自己努力成为那样的人，结果当然惨不忍睹。（我也有过这种教训，当年初到东京时，我

CHAPTER 1

总会刻意表现出一副开朗活泼的样子,想想真的觉得很悲哀。)

自己明明不是这种人,却要拼命装出幽默风趣的样子,这种格格不入的感觉,很难让人觉得好笑。虽说如此,一般人还是会替他们留点颜面,礼貌性地笑一下,但这很容易让人疲倦。结果就是热烈的气氛无法持续,没过多久又会冷场。

其实,这些人一开始就做错了。请大家千万不要假装自己很风趣,保持自然才是培育"有趣种子"的最佳土壤。

公式 02 **不要刻意炒热气氛,保持自然为上。**

○ 有趣的人＝一派自然的模样

× 无趣的人＝开场就装得很嗨

〈错误观念3〉一定要有"哏"才好笑

有趣的话题不一定非要用"哏"

一般人听到"哏",总觉得应该要精心设计,字字斟酌才行。

当然,"哏"如果编排得好,的确会很好笑。

在我执导的搞笑短剧《菜鸟薪鲜人》中,其中一段关于寿司店师傅的剧情很受观众喜欢。

剧中有一位具备良好职业操守的寿司店师傅,对一个为工作而烦恼的年轻店员说:"对我们而言,顾客就是上帝。"这位年轻人听了这句话之后深受鼓舞!这时,一个年轻辣妹带着一位IT公司老板来到店里。辣妹在吃完师傅做的黑鲔鱼握寿司后,大声地说:"哇!这真是全世界第二好吃的寿司!"

这就是"哏"。那么这位师傅会怎么反应呢?他的自尊心应该受损了,但因为他在不久之前才对年轻人说过"顾客即上帝"的话,所以也不能表现出怒气。他虽然气得双手发抖,却仍不得不向对方说:"嗯……谢谢您的夸奖。"请注意这里话语的停顿,因为这又是一个笑点。

这段剧情总共有两个笑点。

"世界上第二好吃的寿司"这句话是经过精心设计的"哏",一般来说,但凭演员临场发挥是做不出来的。

但寿司师傅的反应和回答则是演员情绪的自然流露。像这样,**即使是普通的一句话,只要稍微停顿一下再说,就能引人发笑。**

比如说,一名男职员被人缘不佳的上司邀去喝酒,他不想去但又不得不去,只好对女同事大吐苦水。

女同事:听说课长约你去喝酒?

男职员:对啊,可是我一点也不想去。

假使换个方式,稍微停顿一下再回答,就会使对话变得饶有趣味。

男职员:嗯……我一点也不想去。

像这样,即便没有什么"哏",只是将一句普通的回答稍作停顿,也能使对话变得有趣。

即使你想不出好的"哏"也不要气馁。因为想要成为说话有趣的人,不在于你说的内容多么有趣,而在于**你是否懂得判断现场的气氛,并在合适的时机说话。**

"那时候这么讲很好笑,但现在这么讲一点也不好笑!"

大家是不是都有过类似的感受?要戳中听众的笑点,现场的气氛和说话的时机非常重要。

在演艺圈中,能够察言观色、看场合说话的艺人肯定会比较受欢迎。

同样,在日常生活中,一般人也是如此。

不用费心铺哏,只要懂得把握现场气氛,就可以戳中对方笑点。

公式 03 **不用铺哏也能引人发笑。**

○ 有趣的人=停顿一下再说

× 无趣的人=以为有哏才有趣

CHAPTER 1

〔〈错误观念4〉只有聊正能量的话题才能聊得开心〕

有趣的话题不是"人的不幸",就是"背后的真相"

很多人以为,想要聊得起劲,就要不停地讲一些愉快的经历。比如旅行很开心、食物很好吃、工作很成功等。当然啦!可以肯定的是,这样做的话,说的人一定很愉快。

但听的人呢?试着站在听者的角度想想,是一直听别人自吹自擂比较有趣呢,还是听别人在旅行中遭遇到什么样的麻烦、吃到什么难吃的食物或者工作如何失败的故事比较有趣呢?

什么是笑料?某位著名的喜剧演员曾说,**所谓笑料,不是"人的不幸",就是"背后的真相"**。

的确,大家听到别人的囧事通常都会幸灾乐祸地笑出来,即使这么做有些失礼。比如旅行中的倒霉事确实会比快乐的事更能取悦听众。

那么,什么是"背后的真相"呢?

所谓"背后的真相"是指**大家都知道,却没人发现**的事情。

说话风趣的人会从超越常人的角度去看待事情,独辟蹊径,从而发觉事情背后的真相。

比如一群人去一个著名的神社参观,神社的神官给他们介绍这个神社的故事。

神官:樱田淳子、森昌子、山口百惠★都来过这里,后来她们都功成名就,成为家喻户晓的明星。

普通人:哦,原来她们三个都曾来过这里。

有趣的人:哎呀!看来参拜也不一定会得到保佑哦……

这就是"背后的真相"。

大部分的人都会不假思索地说:"原来她们三个都曾来过!"但仔细想想这三人的经历,就会发现"功成名就,成为明星"好像不太对。发现这点后,后面的对话也会随之改变。你的看法是否正确并不重要,重要的是能否提出与众不同的观点。

有趣的对话不是非得要说一些新奇有趣的事情不可,而是能让其他人惊觉:"原来还可以这么想!我怎么没想到?"

★译注:

这三名年纪相仿的日本艺人都是从选秀节目中蹿红的,高中时期曾组成"花之三重奏"(花の中三トリオ)组合,单飞后皆成为家喻户晓的明星。三人皆在婚后退出演艺圈,但后来的生活并非一帆风顺,都曾遭遇不幸或传出一些负面新闻。

公式 04 独辟蹊径才能发现有趣的话题。

○ 有趣的人＝利用负面的话题,让人发笑
× 无趣的人＝总讲正面的话题,枯燥无聊

图 1-1 有趣的人能发现背后的真相

神官：樱田淳子、森昌子、山口百惠都来参拜过这个神社。

普通人：哦，原来她们三个都曾来过这里。
有趣的人：看来参拜也不一定会得到保佑哦……

掀开有趣之人的脑袋瓜，看看他们在想什么……
樱田淳子、森昌子、山口百惠是怎样的人？

⬇

回想这三个人的人生经历
后来都退出演艺圈，人生不甚顺遂。

⬇

发现!
"嗯，看来参拜不一定会得到保佑啊！"

要思考实际情况

CHAPTER 1

〈错误观念 5〉等现场气氛热烈起来，再加入圈子

不要在气氛热烈时加入圈子

有趣的人一般具备以下四种能力：

① **懂得聆听**

② **擅于提问**

③ **理解能力**

④ **懂得沉默**

有趣的人绝对不会在一群人聊得正嗨时加入他们。

请各位想象一下，当一群人聊得正嗨的时候，突然有一个人插入话题，大家会觉得这个人有趣吗？

A：我曾经……

所有人：哇！真的假的？（气氛活跃）

B：我也曾经……哦！

所有人：哦，是吗？（气氛多少冷掉一些）
大概是这样的感觉吧？

当现场气氛正热烈的时候，某人突然强插进去说："我也是！"这样的人会被看作是有趣的人吗？肯定不会吧。

真正有趣的人在看到大家聊得正嗨时，会保持距离，冷静旁观。当然，假使你觉得自己不在乎别人的看法，只想跟着大家一起嗨，那就无所谓了。但如果我们仔细观察那些说话风趣幽默的人，就会发现，他们在气氛热烈的场合中往往会面带笑容地在一旁聆听。

他们为什么会这么做呢？因为他们知道这个话题已经快结束了。 假使这时再加入其中，追问刚才的情况，反而会搞冷场面。

○− 有趣的人在气氛活跃时会思考什么呢？

有趣的人看到场面很活跃时，往往会先人一步，

思考下一个话题。

这一点很重要。

大家应该都有过这样的经历,当谈话气氛达到高潮的下个瞬间,忽然会变得鸦雀无声。为什么呢?因为这个引发高潮的话题已经完结了。这时需要再开展另一个话题,但重启高潮是相当不容易的。

在这种情况下,还有办法把气氛重新炒热的人肯定会受到大家瞩目。

有趣的人会预先在心中模拟:"**该怎么做才会让大家聊得愉快呢?**"

一般人在这时都会讲一些关于自己的事情,但正确的做法是,观察现场的情况,多问别人问题,了解对方的想法,这才是成为有趣之人的快捷方式。

公式
05
在气氛正热烈的时候,思考如何接续下一个话题。

- ○ 有趣的人＝气氛正热烈的时候,思考下一个话题
- × 无趣的人＝气氛正热烈的时候,硬要从旁加入

CHAPTER 1

只有替人着想，才能与人聊得开心

整理一下前面讲过的重点：

· 与其聊自己开心的事情，不如聊一些对方喜欢的话题。

· 与其自己一个人拼命炒热气氛，不如先判断现场气氛后再开口。

· 发表与众不同的独特观点，但不要勉为其难。

这么多技巧总结成一句话，就是要"**替人着想**"。

简单来说，就是用心为对方着想，希望对方高兴。只要有这份心意，就可以和对方聊得起劲，笑声不断。你必须要先看清现场气氛的变化，否则就无法提供适当的笑料。心里老想着"希望大家注意我"的人，只会自嗨，当然无法让对方感到有趣。

一开始就让自己成为给予者,这是与人愉快聊天的第一步。

有趣的人由于能看懂场面,因此才能畅所欲言。正因为他们准确地掌握了场面的气氛变化,所以才不会感到焦虑,迷失自我。当发现气氛尴尬、出现冷场时,他们能够及时察觉到对方的心情,巧妙调节气氛。

这本书就是教你如何看懂场面,以及在什么场合做什么事,才能让你成为众人眼中的有趣之人。

公式 06 和谁都能聊得愉快的人,尤其懂得替人着想。

> ○ 有趣的人＝先观察判断对方的心情,然后再说话
> × 无趣的人＝老是抢着说一些自认为有趣的话题

THE RULES OF
THE FASCINATING TALK

CHAPTER 2

越聊越起劲!
闲聊的 7 条公式

第一步,营造有趣的氛围!

有趣的对话从闲聊开始

读到这里,可能大家都迫不及待地想变成说话风趣的人,请先别着急。

想要和人聊得愉快,首先要营造一个可以让对方放松的氛围。诚如我们在第一章所说的,气氛不对的时候,是无法逗人发笑的。想要营造轻松的气氛,最有效的方式就是"闲聊"。不管是谈生意或是约会,通常都会从闲聊开始。其实在很多情况下,事情能不能成功往往在开头闲聊的时候就已经决定了。

想要聊得起劲,就要先搞好开场气氛。第一步,请先练好闲聊的功夫,营造出一个适合对话的氛围!

很多人在聊天时,最大的烦恼就是话题无法延续。

其实,话题无法接续的原因与其说是话题太少,不如说是对话的方式有问题。请先思考下列两点:

- **怎么展开话题**
- **怎么回答**

CHAPTER 2

比如,你和对方搭话:"每天加班真辛苦啊。"对方的回答大抵如下:"是啊,好累!""是呀,工作还没上手。""月底了,没办法……"然后就接不下去了。

但换个方式,将回答变成提问,就能使话题延续下去。

"你好像每天都加班啊,**一般加班到几点呢?**"

"一般都到晚上十一点半左右。"

"那还赶得上最后一班公交车吗?"

"有时候会错过啊!"

稍微改变一下聊天方式,就能让对话持续下去。

回答的方式也是如此。假使你像接受面试一般,只是回答"是的""不是""没错"等,不仅无法展开对话,而且每个话题一出现就会被你打断,如此不断重复,最后只会使双方陷入沉默的窘境。

本章要讲的重点就是怎么提问与回答才能让有趣的对话持续下去。

绝对不要说"我也是"

A:前阵子,我打高尔夫球打出了自己的最佳成绩。
B:我之前也去打过高尔夫球哦。

大家应该都碰到过像 B 这种动不动就把话题绕到自己身上的人吧?

各位是不是也曾不小心成为这种"话题小偷"呢?

这种说话方式一定会让对方接不下去,当你将这种回答说出口的瞬间,就等于宣布了话题的终结。

"我也是"这个句型非常危险。

对方就是因为觉得自己的经验很特别、很有趣,所以才想要跟你分享。他一点也不想听你的经验。但如果你在这个时候说"我也是",就等于间接地对他说:"你的经验一点也不特别。"

CHAPTER 2

其实在这个时候,**我们应该做的事情是倾听和提问。**

"最佳成绩!好厉害,打几杆?"
"有用到长杆吗?"
"在哪个俱乐部?好打吗?"
使用这种提问的方式才会让说话的人感到开心。

当对方聊到一些有趣的事情时,最好的应对方式也是以倾听为主。

即使他说的事情,你早有过类似的经验,也要回答:"是吗?还有这种事,真有趣。"这样对方的心情才会舒畅。

当对方正说一些自己觉得很特别的趣闻时,你用"我也是"来接话,等于败坏了他的兴致。这种说话方式不仅受人厌恶,还会有"话题小偷"之嫌。

而且,把别人说过的趣闻,站在自己的立场再重述一次,这时得到的回应大多是"哦,这样啊"。因为同样的话题重复多次,最后大家一定会失去兴趣，敷衍了事。

既然如此，干脆就让对方一次说个过瘾不是更好吗？

我能理解大家都很想聊自己。
但至少等对方说完或者直到对方问你"你也遇过同样的事吗"的时候再说。假使没有这种机会，那就专心问对方问题好了，千万不要败坏他的兴致。

若对方先讲了你也知道的"趣闻"，那就让对方讲吧！

CHAPTER 2

不要问可以用"YES"或"NO"回答的问题

我们常会在棒球直播节目的赛后访谈中听到体育记者问本场比赛表现出色的球员:"您在最关键的一局打出适时安打,请问当您走进打击区时,心情如何?"

这种问题问一次就算了,可是记者们总爱问类似的问题:"击出之后,您的心情如何?"球员听到这个问题,也只能回答:"打出安打的时候,我非常开心。"

还有其他如"您会不会生气?""您很忙吗?"之类显而易见的问题,也是记者们最爱问的。

这种类型的问题很难做出预料之外的回答,当然也就无法使对话内容丰富起来。

如果想让对话变得有趣,只需联系对方的处境或状态进行提问即可。

最简单的方法就是联系他的过去经历提出问题。

比如可以这样提问:"刚才第三局下半段,您击出了关键安打。我记得最近这两三场比赛,您都没有击出球,请问您此刻心情如何?"

这样的提问方式会营造出一种戏剧性的氛围。一名多次无法击出球的球员,居然在关键时刻击出制胜的一球。如果记者能够这么问,球员的回答必定截然不同:"是啊,前面两三场比赛表现不佳,其实我心里压力很大。今天上场时,我告诉自己,一定要打破这个僵局,所以就放手一搏。"

毫无疑问,他的回答会变得更加具体。

若记者不去联系球员的过去经历,而是一开始就冒失地问:"您当时心里在想什么?"

我猜,球员心里一定会这么想:"当然是把球打出去啊,不然呢?"

什么样的问题会让对话难以持续?

假设你和一位女同事聊天时问对方:"你高中时参

加过什么课外活动?"对方回答:"我曾在棒球社当经理。"这时候你会问对方什么问题呢?你可能会问:"当经理很辛苦吧?"面对这个问题,我想对方十之八九都会回答:"对啊,很辛苦。"然后这个话题就结束了。

为什么会这样呢?因为你问的是可以用"YES"或"NO"来回答的问题,因此**话题在对方回答"是"或"不是"的时候,就已经结束了。**

为了避免这种情况的发生,你必须要更深入地了解对方的情况,思索对方为什么要做这件事。这点很重要。

我们都知道,棒球社经理是"万绿丛中一点红"的存在。因此,女性去当棒球社经理和女性参加网球社完全是两回事,重点就在于你有没有察觉到这一点。

如果你察觉到这点的话,就不会问她"辛不辛苦",而是会问:"你们家里有人是棒球迷吗?""棒球社里有你喜欢的男生吗?"

如此一来,对方可能会回答:"我爸是少年棒球队的教练,我自己也在打棒球。""嗯,喜欢一个英俊的学长，不过当时他快要毕业了……"如何？这么一来，话题不就展开了吗？

只要将"对方的处境"作为切入点，不仅能问出比较有发展性的问题，还可能从对方身上引导出有趣的话题。比如还可以接着上面的问题继续追问："那么，你是对棒球更感兴趣，还是对学长更感兴趣呢？"

请大家想象一下，棒球选手面对以下两个问题时，会怎么回答。

〈A〉

采访者：在那样的情况下，您的心情如何？

选手：我心想，这一球一定要打出去。

〈B〉

采访者：您前面两次打席都被对方压制，在关键时刻又站上打击区，您的心情如何？

选手：之前两次他都攻我内角，所以我这次抓到了他的球路。

提问的方式不同，回答者思考的角度也会不一样。

有趣的话题需要某种程度的戏剧性加持。最好的提问方式是让对方主动想起他忘记的事情。但要问出这样的问题并不容易，不仅需要了解对方的情况，而且还要一针见血地提出关键问题。倘若能够做到这点，你就有可能挖掘出更有趣的话题。

人会对关心自己的人敞开心扉

人们有一个习性，就是会对关心自己的人敞开心扉。

对人而言，最有趣的话题就是聊自己。

因此，想要和别人聊得起劲，就要将话题引向对方。这时，**提问的功力**就显得尤为重要了。

保持好奇心，多问与对方相关的问题，通常可以拓展出更多有趣的话题。所以说，如果想和别人聊得起劲，除了注意自己的应答方式，也要多锻炼自己问问题的能力。

虽然我一直强调要多了解对方，但面对初次见面的人，由于不清楚对方的来历，因此也不知从何问起。

根据对方的情况，提出能让话题变得有趣的问题

这时，不要把心思集中在他本人身上，而是要注意他做了什么。

打个比方，如果对方说"我的爱好是射箭"，那么你就可以针对"射箭"这项运动来提出问题。因为一直把焦点放在"人"上，很可能会遇到瓶颈，这时就要懂得灵活地转换话题。

公式 08 思考谈话对象的"经历"与"立场"后再发问。

CHAPTER 2

[与其问"几点、哪里、谁",不如问"为什么、怎么会这样"]

有些人为了不让话题中断,会在对方回答的时候,思考下一个问题。我能够了解这些人的心情,但这么做很可能会忽视对方透露的信息,白白浪费可以拓展话题的机会。

不要担心找不到话题,只要仔细聆听,你一定可以发现自己感兴趣的问题。

这时,要注意的是,与其问对方"几点""哪里""谁""做什么"这些信息,不如问"为什么""怎么会这样"。

问了"为什么"和"怎么会这样"之后,对方的形象就会清晰地浮现出来。

请看下面的对话:

A:我高中时,当过棒球社的经理。

B：是吗？你们棒球社有几个人？

有些人会和B问同样的问题。其实这样提问并不聪明。如果对方回答的人数极多或极少，这个话题还能继续下去，但倘若回答的人数在正常范围内，那就没辙了。

"你们棒球社有几个人？"
"30个人。"

如何？根本找不到下一个切入点，对吧？因为"30个人"既不多也不少，属于正常范围，这样就没有继续提问的切入点了。这时A心里一定很着急，不知怎么开启一个新的话题。

试着改用"为什么"或"怎么会这样"来提问一下。

"为什么想当棒球社的经理？"
"因为学长找我去……"

这么一来，这个话题就绝非一句话能聊得完了。

不过需要注意，要是对方这时回答**"没想太多"**的话，可能又会陷入另一个话题中断的危机。这时，请保持冷静，继续用"为什么"或"怎么会这样"来提问。

"没想太多吗？可是，总有一个关键的理由吧？比如说，谁鼓励你的，还是说，棒球社里面有英俊的学长？"

像这样**由你主动提供具体信息**，对方就没办法再用"没想太多"来回应了。

"是有几个帅气的学长啦！不过，我喜欢的学长在篮球社。"

结果，对方不仅回答得很具体，而且还多了一个意外的切入点——"篮球社"。

一直围绕在对方这个"人"身上，可能没办法问出太多信息。但只要不断地问他"理由""行动""心情"等，就能够知道对方是什么样的人，并可以由此拓展出更多的话题。

> 公式 09　想让话题延续下去，就要多问"Why"和"How"。

将对方所说的信息具象化，就能发掘出新话题

有的人不擅于和初次见面的人闲聊，时常聊了一会儿就无话可谈，陷入沉默，只能在心里干着急。即使他努力想聊些有趣的话题，但换来的只是持续的沉默和尴尬。

其实，与熟人相比，和初次见面的人聊天会更容易一些。因为你们彼此都不知道对方的事，你可以问对方的经历或一些无伤大雅的问题，只要不停地发问即可。

记住一个原则，如果实在不知道怎么发问，**那就从对方小学的情况开始问起。**

知道对方的出身和住址之后，你可以随意问一些

问题，比如："小学的时候，你是活泼好动型还是内向型？""初中和高中都参加过什么社团？""大学的时候有过哪些经历？""你们学校都去过哪里远足？"这些问题我想谁都能轻松回答。

关键在于，**别着急，慢慢问，直到问出特殊的话题为止**。就像探测矿脉一样，慢慢挖掘出趣闻逸事或共同话题。

怎么提问才能挖掘出更多的话题呢？

提问的技巧是将对方说的信息**具象化**。

还以前面提到的那个棒球社经理的话题为例。

"学生时期都做过什么课外活动？"

"我曾当过棒球社经理。"

这时候，**千万不要说"哦，是吗？"来结束话题**，一定要在脑中描绘出棒球社经理的形象，然后搜寻自己对棒球社经理的印象。

假如你脑海中浮现不出棒球社经理的形象,那就表示你对这个职务不了解,这时就可以直接问对方:"棒球社经理都负责什么事?"

又或者,你知道棒球社经理是做什么的,那么你就可以问:"你进过球员休息区吗?"

还可以进一步问:"你们不是都要宣布比赛球员的名单吗?你念名单的时候,心情如何?"

这样,话题就会慢慢展开。

随后,你还可以把话题带到恋爱方面。

"听说经理和球员经常会擦出爱情的火花,这是真的吗?"

"也不一定,像我男朋友就是篮球社的。"

"是吗?那你怎么不加入篮球社呢?"

像这样切入话题,聊天的气氛就会越来越好。

只要学会运用"**具象化**"和"**搜寻记忆**"这两个技巧,话题就会源源不断涌现出来。

> 公式 10　**在脑海中将对方所说的信息具象化,挖掘新的话题。**

不要死板地解读对方的话

解读对方的话看似简单，实则很有学问。不同的解读方式自然会产生不同的回答方式，而不同的回答方式则会导致两种不同的结果：一种可以让对话持续下去，另一种则会让对话立刻中断。

上司：最近在打高尔夫球吗？

下属：没有。

采用这种回答方式，对话在一瞬间就结束了。

上司：最近在打高尔夫球吗？

下属：我不会打高尔夫球，不过我喜欢冲浪。

这样回答就好多了，因为这个话题还有延续的可能性。上司说不定会问："为什么喜欢冲浪？"但是，这个话题能否持续下去，还得视对方（上司）的态度而定。

最好的回答方式应该是"提问"。

下属:我不会打高尔夫球,好玩吗?

上司因为自己喜欢打高尔夫球,所以才会问下属:"最近在打高尔夫球吗?"这时,下属只要投其所好,问一些与高尔夫球相关的问题,就能使对话持续下去。若是有不了解的地方,只要坦率地问:"你说的是什么意思?"通常,对方都会很乐意为你解惑。

愉快聊天的关键是使对话保持轻松顺畅。

为此,你必须把对话尽量带入对方感兴趣的话题。

在回答或发问时,必须同时思考对方可能会有什么反应。如此一来,对话便能一直持续下去。

公式 11　与其老老实实地回答问题,倒不如开动脑筋思考如何延续话题。

回答的内容要具体

与初次见面的人交谈时,大多数的人都会问对方的兴趣爱好,但假使得到下面这样的回答,就会让对话的"温度"骤降。

"你喜欢听什么样的音乐?"

"视心情而定!"

"没有什么特别的喜好。"

这种回答方式会让对话无法延续,因为话题毫无发展空间。更糟的是这样回答:"我最近都没怎么听过音乐!"

提问者听到这种回答一定会感到非常泄气。"你喜欢听什么音乐?不听音乐?哦,抱歉,原来你不听音乐。"

在这种时候,回答者要注意,回答中最好**加入具体内容**。即使你平常不怎么听音乐,也可以做出更好的回答,比如"我最近喜欢听这一首歌"或者"我以前喜欢这类曲子"。

假如对方也听过同样的曲子,那你们就有话题可聊了。即使不知道,对方也会问:"那是什么样的曲子?"

当你问某人有什么兴趣爱好时,对方可能回答自己没有特别的爱好,但在和他聊天的过程中,你会发现他明明在学瑜伽或练书法。或许他觉得这些算不上兴趣爱好,所以才会回答自己没有特别的爱好。但这种回答可能会使对话难以持续。其实他完全可以这样回答:"也不是什么兴趣啦,不过我最近在学热瑜伽。"

"热瑜伽?那是什么?"

这么一来,双方就有话题可聊了。

或许本人觉得去上瑜伽课不算什么,但对方可能会觉得很有意思。 因此,不管怎样,当回答问题时,尽量加入具体的内容准没错。

◯— 一开始就要通过具体的问题收集对方的信息

特别是在一群人聚会的场合,你要在开场的谈话中尽可能多地获取对方的信息。因为到了聚会的中段，大家已经大致了解了各自的性格特征，谈话会更倾向于个人的想法和心情等抽象度较高的话题，所以**一开始就要积极地通过具体的问题来收集对方的信息**。假使开场的时候你只是毫无目的地东扯西聊，那么到了后面，对话就将难以为继。

制作电视节目也是如此，我们要求主持人和来宾在表达意见或感想时，一定要配上具体的例子，这样话题才能拓展开来。

回答问题时，不用害怕对方不懂。比如你说："我喜欢硬式摇滚。你知道阴阳座乐队（一支日本的重金属乐队）吗？他们的音乐多是涉及鬼神妖怪等主题的重金属摇滚。"

就算对方不懂你说的内容也无妨，说不定他们反而会饶有兴致地问你："那是什么？"

任何话题都一样，你讲得越具体，就越能得到对

CHAPTER 2

方的响应,甚至勾起他们的好奇心。**如果毫无目的地东扯西聊,对方就会很难接话。**

> 活用范例

"还不到入迷的程度啦,不过我现在正在学瑜伽。"

"虽然说不上是兴趣,但我最近开始踢室内足球啦。"

"我最近没有看电影,但我最喜欢的电影是《回到未来》。"

"最近没看什么电影,可是我很喜欢日本电影。"

"我以前常听佐田雅志(日本歌手)的歌。"

> 公式 12　具体的内容可以让聊天氛围变得热烈起来。

反问对方同样的问题

反问对方同样的问题,是一个常用的谈话技巧。

一般而言,对方问你某个问题,表示他本人对该问题很感兴趣。换句话说,他之所以问某个问题,是因为他也想被人问同样的问题。

因此,当对方问你喜欢听什么音乐时,你可以先回答自己喜欢什么音乐,然后再反问道:"那你呢?你喜欢听哪些音乐?"这是非常基本的对话技巧,而且我相信,对方会很乐意回答你的问题。

○─ 立刻把话题还给对方

此外,在接话的时候要注意,切勿抢走对方的话题。

特别是不擅交际的聊天对象,很可能被你抢走话题后,就再也接不下去了。

对方:上中学的时候,我们学校规定每个人都要到海边游泳,真的很累人。
你:我们学校也是哦!
对方:哦,这样啊。

在这种情况下,对话到这里大概就结束了。因此你应该这么回答:"我们学校也是啊!我想,这是沿海学校共同的宿命吧?**对了,你们一般游多远呢?**"

立刻把话题还给对方,不但可以使话题持续下去,而且自己也能落个轻松自在。

即使一群人聚会,也要从两人交谈开始

一群人聚会时,最怕没有共同话题可聊。可是人数一多,想要找出共同话题也并非易事。

这时需要注意的是，不要因为没有共同话题而让气氛冷淡下去。

比如，在四个人聚会的场合中，你可以先和旁边的人闲聊，问问他的情况。

这么一来，只要聊到共同点，其他人自然也会加入进来。即使没有共同话题，光是你和旁边的人闲聊，就已经化解了大家的尴尬。

一般来说，当谈话出现冷场时，大家都会觉得很尴尬。

特别是两个人初次见面的时候，对方也和你一样，想赶快摆脱眼前的尴尬。因此，这时候你只要抛出一个话题，对方就会顺水推舟，积极配合。

先不要考虑对话是否有趣，这个问题之后再说。

缓解紧张的气氛才是此时的首要任务。

> 公式 13　初次见面时，要将缓解紧张气氛，缩短人与人之间的心理距离作为首要任务！

THE RULES OF
THE FASCINATING TALK

CHAPTER 3

稍微改变说话方式就能让对话变得有趣的 12 条公式

为什么他说话这么有趣？

通过闲聊炒热气氛、借助发问使对话延续、对方受到关心后心情大好、紧张的气氛获得缓解……如果各位掌握了前两章讲的方法和技巧，就等于完成了"暖场"的准备。

接下来终于要进入本书的主题了，那就是如何让对方发笑。让我们一起探究"有趣"的精髓吧！

在日常生活中，我们常看到有些人只是不经意地说出一句话，就能引起哄堂大笑。他们说这些话时，不是装模作样，也不是刻意搞怪，而是自然而然地说了出来。但也正是如此，才让人觉得有趣。

由于他们并非刻意，因此一般人很难模仿，只能在一旁纳闷："为什么他说的话这么好笑？"虽然这种技巧很难模仿，但我们还是想挑战一下。

大家不用担心，其实只要掌握一个诀窍就可以了。

那就是"自我抽离"。简单地说，就是养成客观地观察自己和当下状况的习惯。

CHAPTER 3

当有人出言不逊激怒你时,你是会针锋相对地回敬回去,还是会冷静一下,从旁观者的角度认识自己的情绪,想到"啊!我现在正在生气"呢?这两种反应的思考方式不同,说出来的话自然也不一样。

如果是针锋相对地回敬回去,和对方的关系就会恶化。

但若认识到自己的情绪后,再基于不希望和对方交恶的念头做出回应,那么结果自然会不同。

想要说话有趣,让人发笑,**前提是必须读懂对方的情绪与现场气氛。但这种能力必须在抽离自我、不被自己的情绪牵着走的状态下才能发挥出来。**

如果各位想在日常生活中实践本章所讲的各种技巧,记得要先养成客观看待自己的习惯。只有这样,你才能认识一个全新的自己,才能学会如何用一句有趣的话让现场的人开怀大笑。

只要加一小撮"香料"就能让原本平淡无奇的对话笑声不断,请各位善加利用吧。

有趣的人懂得转换说法

大家在综艺节目中常会看到两种角色：吐槽者和装傻者。其实以对话的形式来看，吐槽就是发问，装傻就是回答。说话有趣的人懂得**在回答的时候转换说法**。

A：今天晚餐吃秋刀鱼，好吗？

普通人：又是秋刀鱼？饶了我吧，就算营养丰富也不需要每天吃啊！

A：今天晚餐吃秋刀鱼，好吗？

有趣的人：每天都能摄取DHA（二十二碳六烯酸，俗称脑黄金）真不错。不过摄取太多好像也不好……

在回应别人时，有趣的人往往会转换说法。以刚才的例子来说，有趣的人会想，秋刀鱼有没有别的说法可以替代呢？这时，他脑中浮现出DHA一词，然后开始进行联想：**DHA→对身体有益→但是每天吃会腻**。

换句话说，当有趣的人转换说法时，脑中进行的是联想游戏。使用这个方法可以使对话变得丰富多彩。虽然表达同样的意思，但有时换种说法不仅能让对话内容更加幽默活泼，还能像前面的例子那样在意见相左时避免冲突。

○─ 通过联想转换说法

下面的例子来自我在学生时期参加联谊时受到的打击。

A女：我觉得吉田长得好像一个人哦！
B女：是不是像渡边修三（日本演员）？

结果大家都笑成一团。

这件事对当时还年轻的我造成很大的心理冲击。虽然我本来就不是什么帅哥,但年轻的时候难免对自己的长相评价较高,没想到被认为长得像渡边修三。(当然我的意思不是他长得不好看,只是……我想大家应该理解我的心情吧?)这时我该怎么回应才好呢?

普通人会立刻否认:"才不像呢!"

因为生气,所以否认。但这么回应,一点也不有趣。当时我绞尽脑汁地想该怎么回应,最后我这么回答:"**不一样,我可是考进来的哦!**"

当时媒体爆料,渡边修三的儿子靠他的关系走后门才进入大学,所以当我这么回答时,大家都笑了。

仔细分析整个过程,当有人说我长得像渡边修三时,我就在脑中思考,他是个什么样的人。由于我内心受伤的原因是被人说"长得像他",因此我开始搜寻和他"不像的地方"。

当时媒体爆料,渡边修三的儿子靠他的关系进大学。

但我不是靠关系进大学的。

这种靠联想来回应对方的方法,确实可以逗人发笑。

另外,也可以用玩笑般的回答来化解眼前的尴尬,但是要注意分寸,因为过分夸张的玩笑,也可能适得其反。比如你这样回答:"**哪有!我长得比较像木村拓哉(日本明星,曾连续15年被评为日本最受欢迎的男性)吧!**"

这种回答很可能会让场面变得更冷,因此要慎用。在这种时候,你最多可以说:"当然啦,和木村拓哉比起来,我是比较像渡边修三啦!"这样多少还能达到幽默的效果。

这件事对我造成不小的打击,至今我还记忆犹新。但我只用一句话,就把话题从"我长得像谁"转换到靠关系进大学的丑闻,让我得以从"危机"(至少对联谊来说)中脱身。由此可见,漂亮的回答能帮你摆脱自身的危机。

> **活用范例**

A:感觉不太妙,难不成是不好的预感?

B:你想得太多了吧?

A:不会啊,说不定我正在和某种看不见的东西发生感应。你看,无线网络也看不见啊!

公式 14 通过"联想"和"转换"找到诙谐有趣的说法。

CHAPTER 3

图 3-1 转换说法巧妙回应

 长得和渡边修三很像

生气
（最直接的情绪）

客观观察自己的情绪
（让自己冷静下来）

联想
（新闻报道）

重新思考
（关于渡边修三的报道）
"有人爆料他的儿子靠他的关系进入大学"

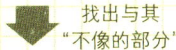
找出与其
"不像的部分"

联系自己的情况，发现"不像的部分"
"不一样，我可是考进来的。"

找出话中的"矛盾"和"新意"

想要发现有趣的话题，必须从两个方面着手，即发现对话中的"矛盾"和"新意"。

先来说说"矛盾"。

在某个讨论送别会场地的场合，一位喜爱美食的学长发出倡议："咱们一起去孤单美食城吃饭吧？"

怎么样？发现矛盾之处了吗？表面上看不出来。但是在这种情况下，**有趣的人就会略显俏皮地说："大家一起去就不孤单了。"**

能否看出这个矛盾，就是有趣之人和普通人的差别。

"大家"一起去"孤单美食城"吃饭，本身就是一种矛盾。只要点出这一矛盾，大家便会会心一笑。这就是我们在第一章提到的**"背后的真相"**。要记住,不是只有说蠢话才能使人发笑。

"真相"这个词听起来似乎有点严肃,可能有些人会把它往高深的方向解读。但如同前面的例子所示,这里所说的"真相"实际上是让人听了会恍然大悟的事情。找出它,就能让对话变得有趣。

老话也可以挖掘出新意

接下来,我来解释一下什么是"新意"。

我以一句著名的广告语为例,告诉大家怎么挖掘新意。

某集《菜鸟薪鲜人》中,我采用了一个晚辈提出的企划,内容是恶搞东进高校(日本知名的升学辅导学校)的广告,把原本的考生替换成跳槽者,而将原来的知名讲师替换成职业生涯规划师。

无论是音乐还是镜头角度,这部恶搞作品都和正版一模一样,推出后大受欢迎。几年后,某大型汽车公司也模仿东进高校的风格拍摄了一部广告,使得"现在就做(今でしょう)"这句广告语在2014年风靡全日本。

我抱着十分复杂的心情在脸书(Facebook)上写道:

"接接接(じぇじぇじぇ)"拿下今年的流行语大奖,谢谢各位的厚爱。

"现在就做"也得奖了。但我的内心五味杂陈。

因为《菜鸟薪鲜人》早在两年前就做过东进高校广告的恶搞版,而且大受欢迎。

可如今后来者却获了奖,为此我深感哀伤。我不知道某大型汽车公司广告的策划者会不会看到这篇文章,但假使《菜鸟薪鲜人》这个节目还在,我们一定会把这件事情当作吐槽自己的哏,告诉大家:这明明是我们先做的!

"现在就做!"

下台一鞠躬……

"现在就做"本来是鼓励大家把握现在的一句话,

但我却把它拿来当作吐槽的哏，怨叹自己做得太早。

这就是新意。

林老师（广告中的东进高校名师）在广告中的完整台词是"要做的话，现在就做"，意思是劝告大家不要再犹豫。但我的"现在就做"是指虽然好几年前就做过了，但时机不对，要做的话，现在做才对。

这个技巧的要求稍微高了一些，但若能掌握好，大家就会觉得你机智过人。

说话有趣的人不会将别人的话照单全收，而是会告诉自己先等一下，然后迅速思考其他的可能性。其实，这是一种类似于条件反射的行为习惯，大家可以试着培养，以此来训练自己对语言的敏感度。

> 公式 15　**别人的话不要照单全收，稍微加入一点巧思。**

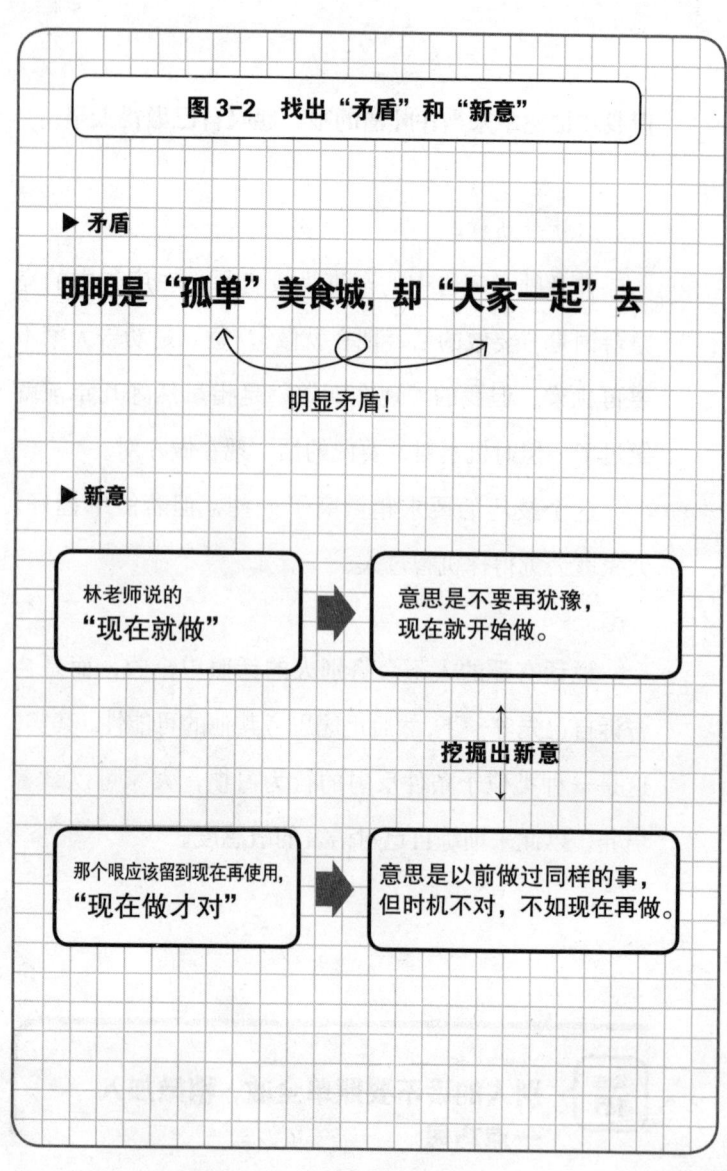

CHAPTER 3

吐槽之前，先肯定对方

前面我们已经讲过几种回应方法。还有一种有趣的回应方式，即先顺着对方装傻，不破哏，然后再吐槽。

〈A〉

"阿塞拜疆在哪里？"

"这里。"（指着世界地图中的日本）

"才不是呢！"（回应）

〈B〉

"阿塞拜疆在哪里？"

"这里。"（指着世界地图中的日本）

"哦，这里啊……才不是呢！"（回应）

大家觉得哪一种回应方式能让气氛变得更好呢？如果一开始就说"你搞错了"的话，对话就进行不下去了。

对方根本不知道阿塞拜疆在哪里,因此才装傻指向日本。**看到对方装傻一定要先故意上当,之后再否定他。**故意上当还有一个好处,那就是把自己逼入窘境,这样之后的吐槽,会更有力一些。

"哦,这里啊……你以为我们是阿塞拜疆人啊!"

当然,这种夸张的回应方式确实有点令人尴尬,但抱着豁出去的态度试试看,一定可以逗人发笑。

被损没关系,先别急着否定

A:我是不是太胖了?

B:吃太多肉了吧?

A:哪有,我没吃多少肉。

B的说法虽然让你恼火,但也别急着否定,否则会让气氛降至冰点。这时,你只要顺着对方的话说下去,就能引人发笑。

A:我是不是太胖了?

CHAPTER 3

B：吃太多肉了吧？

A：就是啊，你看，这个部位的肉（指着自己腹部）是最好吃的。

即使临时想不到要怎么回答，但只要先说"就是啊"，你的思维就会变得比较灵活，脑中自然会浮现出有趣的回答。

我认为在对话时，所谓的正向思考并非是自我肯定，而是肯定对方和环境。

活用范例

（下属不小心将他的印章盖在部长那一栏上。）

"小 X，当上部长啦！什么时候升官的？怎么不通知一下？"

> **公式 16** 肯定对方可以让聊天的氛围更加热烈。

听完对方的讲述后，回应相反的经历

前面提过，回答时最好不要说"我也是"。但假如自己曾有过与对方相反的经历，那就另当别论啦。

这时，要是**用自己相反的经历来回应对方，就能戳中对方的笑点**。

请比较下面两个例子。

〈错误示范〉

女性：有一个先前不大理我的人，之后通过朋友告诉我，其实他想多跟我聊聊，所以我们约好有空见个面。

男性：我也是，一个我没什么印象的女性主动跟我说想多聊聊，所以我们约好要见面。

女性：哦，这样啊。

在这个例子中,男性叙述自己的经历和女性的如出一辙,整场对话就在女性回应"哦,这样啊"后结束。

〈正确做法〉

女性:有一个先前不大理我的人,之后通过朋友告诉我,其实他想跟我多聊聊,所以我们约好见个面。

男性:真的假的?我的经历刚好相反。本来我很有自信可以成功搭讪某个女生,结果一出击就被断然拒绝。

女性:怎么会这样?好惨啊!(笑)

这次不一样了,在男性叙述了自己的悲惨遭遇后,对话的气氛变得热烈起来了。

和对方聊天时,若想将对方逗笑,可以一边听对方说,一边从自身的经历中搜索与之相反的经历。这么做的目的,是要让对方觉得自己的经历很特别。

对方在叙述自身经历时,基本上会带着些许自豪感,因此这时你只要贬低自己,就能逗她开心。这里的"贬低自己"不是妄自菲薄,而是指诉说自己的不幸遭遇,对方听到你的不幸,免不了会"幸灾乐祸"地笑出声来。

要注意的是,假使对方叙述的是自己的不幸经历,这时绝对不可以说你的开心事,这样只会让他更不开心,想想自己是否有一个比他更不幸的经历,如果有,那就告诉他吧。

活用范例

(当对方讲述自己的挫折时,你可以讲一件比他还惨的事情。)

A:下周要交的报告你写了吗?字数要求太多了,我还没写完。

B:什么!我现在才想起来要写报告。(自己的状况更惨)

公式17 让对方觉得他的经验很特别。

CHAPTER 3

在自夸中加入自嘲

前面讲过,讲述自己的失败经验是让对话变得有趣的一个重要方法。因此,我建议各位可以积极使用自嘲的技巧。

但我们都希望别人看到自己美好的一面,所以自然想讲一些幸运或自豪的事迹。

这时候,记住一个诀窍:自夸的时候,不要以自夸作为结尾。

换言之,就是**在自夸中加入自嘲**。

直接来看下面这个例子。

〈范例〉

"你住在哪里?"

"市中心的四十五层摩天大楼。早上九点到晚上十点有三个人在前台待命。"

"哇,你住的地方好豪华啊!"

如果这里你用"还好啦"来回答,就会给人留下爱炫耀的坏印象。

因此你可以这么说:"**不过,我住在二楼。**"

一般人听到四十五层,就会觉得对方应该住在高楼层,但实际上却住在二楼。**这种想象与现实的落差足以引人发笑。**而且,你还可以再加码:"我最讨厌和住在高楼层的人一起乘电梯了。每次按按钮的时候,他们的眼神都好像在说:'难道你不会爬楼梯吗?'每当这时我都觉得矮人一头。"

虽然住在四十五层的高楼大厦里,但因为住在二楼,所以在这里生活老是有一种"矮人一头"的感觉,这就是自嘲。这么一来,你就不会招人厌烦,对方就会认为,虽然你住在很豪华的地方,但看待事情的角度和我们一样。

当自我夸耀时,只要加上一点自嘲的话语,就能引人发笑,并拉近与对方的距离。

当然,你也可以这么说:"我虽然住在四十五层的大楼里,不过三十六楼以上有专属电梯,我们这些住在低楼层的人还进不去呢!"

诱导对方问你想说的事

这招可以当作一张王牌备而不用,等有必要时再使出来。

只是要注意,千万不要一开口就说"我家住在ＸＸＸ"这种自我炫耀的话语,这样会让你成为众人眼中的"讨厌鬼"。

正确的做法应该是先问对方:"你住在哪儿?"对方回答你之后,通常也会反问你住哪儿。这时,你就可以使出这招。

为了说出自己的哏,你可以先问对方这个问题,诱导对方问你同样的问题(或吐槽)。

万一对方没有反问,就表示对方没有兴趣,你必须毫不犹豫地放弃这个话题。因为有趣的对话不能刻意追求，而必须在自然的状况下发生。

> **活用范例**

"我们公司给我发奖金啦！不过只有三千块。"

"我托业考试得了九百分！但看到外国人还是紧张得说不出话来。"

"我考上ＸＸＸ大学了！但我是补录上的。"

 自夸＋自嘲，给人留下好印象。

CHAPTER 3

图 3-3 自夸中加点自嘲

"第一名""优秀""精英"都是很好用的笑料

若是你在谈话的场合遇到了所谓的社会精英和成功人士，可千万别错过这种可以逗人发笑的机会哦。

年轻时，我曾负责给节目暖场，就是在正式开录前，对观众说明节目的流程，并和观众互动，炒热气氛。那个年代的观众都是来赚外快的大学生，把参加节目录制当作打工。由于这些人看过太多形形色色的节目，因此很难让他们发出"哇"的惊叹声。即使在这种情况下，我的耳机里仍不断传来导播下达的不合理命令："把气氛炒热！"

我记得，最痛苦的一次经历发生在某一期请落语家（落语家是专门从事落语演出的人，落语是日本大众曲艺之一，类似于中国的相声）来表演的综艺节目中。如今落语表演变得非常流行，年轻人也爱听，但在那个年代，落语表演只有老爷爷老奶奶才爱看。在这种

CHAPTER 3

情况下，要我炒热现场的气氛实在难于登天。一开始，不出我所料，不管我怎么讲，大家就是没反应。直到我用了一个哏，大家才终于露出笑脸。

我首先问："今天好像有很多大学生啊，有青山学院的吗？"

台下三三两两地举手。

我接着说："这些都是我的学弟学妹，难怪和我一样，都是俊男靓女。"

底下一阵低笑。

接着，我开始挑人发问。问了几个人后，我找到一个看起来很聪明的学生，然后问他："你读的是哪一所大学？"

他回答道："东京大学。"

于是我便笑着说："哇……真让人讨厌。"

这时，现场总算哄堂大笑了。

东京大学是日本公认录取分数最高的大学，正因如此才有搞笑的余地。但切记，不能真的表达讨厌之意，而是要嘴巴上说"讨厌"，但实际是捧高对方，贬低自己。

我的回答之所以能引人发笑，是因为我有意无意地展

现出自己的酸葡萄心理。

一般来说,当你看到很厉害的人物时,就可以利用这种方法制造类似的笑料。实际上,这种笑料是具有绝对体验的笑料。这里的绝对体验是指所有人的共同体验。正因为这种体验是绝对的,是所有人共有的,所以听者不需要前提条件就能进入情景之中,产生共鸣。

比如说,有些哏说出来,只有自己内部的人才能听懂,对吧?那是因为大家有共同的体验,所以容易引起共鸣,进而让现场气氛嗨起来。而**具有绝对体验的笑料可以唤起所有人的相似经验**,因此更容易让人进入情景,引发共鸣。

比如下面这句话:

"这位是医生,但他有痔疮。"

一方面,痔疮本来就是一种羞于启齿的病,自然容易引人发笑。另一方面,由于医生职业的特殊性,一般人都会觉得医生和生病无缘,因此,听到"医生有痔疮"这句话时,自然会忍不住笑出来。

**公式 19　没有铺哏就没有笑料。
请充分利用具有绝对体验的笑料。**

CHAPTER 3

举例有两种——"狐假虎威"和"发现共通点"

想要说话变得有趣,恰当地举例说明也很重要。例子如果用得好,听者就会觉得你为人风趣,善解人意。

根据目的不同,举例大致可以分成两种类型——"狐假虎威"型和"发现共通点"型。

①"狐假虎威"型

这种举例说明的目的是借助成功者的事迹来衬托自己。

比如,当你想告诉对方你要自我改变时,你可以这么说:"听说铃木一朗和王贞治(两人都曾是日本著名的职业棒球选手)每年都会改变击打姿势,难怪这两个人的姿势都很有自己的特色。我猜他们是想挑战自己的极限吧?真是不简单。我就想,连这么厉害的人都想改变自己,为什么我却一直原地踏步呢?"

对方听完你这么说后，心里可能会想："原来改变自己这么重要，所以他才打算挑战自我吧！"这样就会对你的行动产生更多同理心。

当然，有些人习惯说些大而空的话，比如他们喜欢说"我必须改变自己""是时候改变自己了"。但这些说法太过笼统，没有说服力，其效果也就可想而知了，这样对话也就很难持续下去。

这里要注意的是，当你提到铃木一朗和王贞治等厉害角色时，必须讲出**他们让自己感动的地方或具体的事例**。假如你只是说："因为铃木一朗和王贞治都在改变自己，所以我也要改变自己。"这样难免会有人反驳道："难道说厉害的人做什么，你都要跟着做吗？"

②发现共通点

当对方想说明一个事物，却一直找不到恰当的说法时，你就可以帮忙想出一个令他惊艳的相似事物，并问他："**是不是就像XXX一样？**"对方一定会拍手叫绝，将你视为知己。这样就能营造出一种相知相惜的气氛。

CHAPTER 3

以下面的对话为例：

"我去吃过顶级牛肋排，超级好吃！"

"牛肋排是什么？牛排吗？"

"吃起来比牛排还软……"

"烤牛肉吗？"

"肉好像要更厚一点。"

"嗯……你是说像宫崎骏电影里面出现的那种肉吗？"

"啊，对对，就是那种！看上去就很好吃，对吧？"

举例通常用来解释说明某种抽象的问题，但在对话当中，它的作用是为了引起共鸣，帮助对方清楚描述出他想讲的内容。同样的例子，下面的对话就是错误示范：

"有多厚？"

"这个……不知道该怎么形容，不过据说可以自己选择厚度……"

这样的对话绝对热络不起来。你应该替对方想出一个恰当的例子来引起共鸣，而不是一味地问对方。

在常用的笑料中，有一种叫作"有有有"的哏。

这种哏是通过描述大家日常生活都会遇到的经历，使大家会心地笑着说："有有有。"它不用特别去铺陈，**只要能引发共鸣，就能使人发笑。**

需要注意的是，有些人面对这种情况，会不耐烦地说："你说什么我听不懂啦！"这种人注定只能成为无趣之人，请多加小心。

活用范例

A：不是一口气卖光，而是一点点拿出来卖……

B：你是说像《迪亚哥分册百科杂志》那样？

（译注：《迪亚哥分册百科杂志》会针对不同主题进行不定期的连载。）

公式 20　"狐假虎威"有助于让别人更深入地认识你，"发现共通点"则有助于将事情说明得更清楚。

节奏感和具体性很重要

说话时要注意节奏感。

下面举一个在烤肉店的例子。

"不知道是不是年纪大了,最近肉吃得越来越少了。"

"是啊,年纪大了就是不一样。"

这样回答的话,对话大概就进行不下去了。

若换个方向,回想以前食量大的时候:

"不知道是不是年纪大的缘故,最近肉吃得越来越少。"

"对啊,以前来这里,五花肉是必点的。"

这么回答,对话就能继续下去。对方可能会回想起以前的共同经历,然后说:"对啊,ⅩⅩⅩ烤肉店的烤肉最好吃了。"

更高级的回答方式是这样的:

"不知道是不是年纪大的缘故,最近肉吃得越来越少。"

"要是以前,一定会点牛舌、里脊、五花肉、五花肉、五花肉,重要的事情说三遍,对吧?"

这样的描述充满了节奏感,"五花肉、五花肉、五花肉"一口气强调三次,其实是在暗示对方:"牛舌和里脊不过是象征性地点一下而已,其实真正想做的是从头到尾都点五花肉。"而且不是强调两次,是三次!**这种再三强调的说法,既可以强化描述的力度,又带有幽默的味道。**

这种说法可以唤醒大家年轻时的共同体验:明明就想吃五花肉,为什么非得从牛舌点起?虽然一开始点了牛舌和里脊,但其实最想吃的是五花肉。引起对方的共鸣后,对话就会变得有趣多了。

○─ 说得越具体,对方的专注度就越高

具体性到底有多重要,请看下面的例子就知道了。

×"昨天我在东京巨蛋(位于日本东京的体育馆)

看棒球比赛。"

○ **"昨天我在东京巨蛋的内野区看棒球比赛。"**

加了"内野区"三个字,听者脑中就能浮现出具体的画面。

其实很多艺人在参加访谈节目时都会运用这种技巧。

"我高中的时候,认识一个叫山田的家伙。"

山田是谁,没有人知道,可是无所谓。因为要是只讲"高中的时候,认识一个有趣的家伙",大家的印象会比较模糊,听者的专注度也会下降。

建议大家在说话的时候,要将内容说得更加具体一些。

公式 21 — 使用具体的描述,可以让对方印象深刻。

遭遇尴尬的时候，搬出主哏来化解

一伙人闲聊或聚会时，难免会出现冷场。这时候，如果有一个可以及时化解尴尬的话题，那该有多好。当然有啦！这种话题就叫作"**主哏**"。

你必须要事先想好一个主哏，用它来破题，炒热气氛。比如说，女性可以用自己的身材当作主哏。

"别看我瘦瘦的，其实我的胸部很大。"

实际上，她的身材根本不像她说的那样，于是大家不约而同地开始吐槽起来。

这时气氛已经很嗨了。

然后她接着说："你们觉得我是什么CUP（罩杯）？"

大家都不好意思回答。不过这时候男性早就嗨翻天了。

于是，她自己回答道："Dream Cup（梦幻杯）。"

"什么嘛！原来是开玩笑！"大家开始接二连三地

吐槽，气氛也变得非常热烈。假使这时候她回答："这是秘密。"气氛就会冷下来。其实"Dream Cup"中的"D"已经暗示答案了，这也正是这个哏的精妙之处，也就是我说的主哏。

只要事先准备好一个主哏，当出现冷场的时候，就可以随时拿出来运用。

被称赞时→"哪里，因为我是 Dream Cup 嘛！"

被挖苦时→"还好我有 Dream Cup。"

诸如此类……可以不断重复利用，制造出许多笑点。

○ "有有有"哏可以当作副哏

可能有读者心想："可是我想不出'Dream Cup'这么高级的哏啊！"没关系，你可以准备一个故事作为副哏，也就是可以引人产生共鸣的"有有有"哏。

那什么是"有有有"哏呢？这里举一个例子。"有一次我等红绿灯的时候，旁边刚好站着两个看似业务员的人。其中那个看着像上司的人正在对另一个人训话：'跑业务，最重要的就是听顾客说话！'可他自个儿却唠唠叨叨地说个不停。"这段话的亮点在于，不断强调听别人说话很重要的那个人，自己却一直在碎碎念。你在讲述这段话时，只要凸显这个矛盾点，就很容易引起大家的共鸣："有有有，就是有这种人！"

我再强调一次，有趣的话就是能让人有兴趣听的话。每个人都应该准备一两个能让大家都听得懂的哏，这样在紧急的时候就能派上用场。

我就经常会以自己头部左侧受伤的故事（与脑部相关的话题）以及89公斤的胖子如何重获新生的经历（减肥的话题）作为主哏。

有人说："每个人都应该以自己的人生为主题写一本书。"而我说："**每个人都应该以自己的人生为主题，**

编出一两个让人发笑的哏。"

切记，当你找出可以当作主哏的材料时，就要赶紧记下来，以免忘记。我的做法是，将其记录在智能手机的备忘录里。

不过，主哏虽然方便，但使用时必须多加注意。

最需要注意的是，**使用过一次，并收到了良好的效果后，就应该打住**。有些人使用主哏后，发现效果很好，便沾沾自喜地连续使用。这实在是太浪费了，应该暂时打住，等到适当的时机出现时，再拿出来使用。

○─ 用过的哏都可以回收再利用

如果你暂时没想出主哏，还有一个方法可用，那就是**重复别人说过的话**。

找出一两个当天的聊天中大家觉得最好笑的哏，然后牢记在心里，等到下次又出现类似的情境时，就可以拿出来用。

以前述的"Dream Cup"为例,在你们闲聊的过程中,当那位女生说话时,你就可以找机会说:"因为ＸＸＸ是'Dream Cup'嘛!"

这时大家又会想起之前的场景,很容易再次笑作一团。

这就是将有趣的哏回收再利用。

这里同样需要注意,用过的哏不要过于频繁地重复使用。一旦大家听腻了,就再也无法回收了。

气氛热烈起来之后,就先打住,换一个话题,等到大家都淡忘了,再拿出来用,效果会比较好。

> **公式 22** 主哏很好用,但使用时要谨慎,不要滥用。

为什么大家总爱听出乎意料的事?

前面提过,使人发笑的方法之一就是指出"事情"**背后的真相**。

这个方法也同样适用于"人"。

"(过去给人以一丝不苟的印象)没想到ＸＸＸ有时竟傻乎乎的!"

"(过去给人以温顺的印象)没想到ＸＸＸ该说话的时候,比任何人都敢讲啊!"

要是你的评论一针见血,不只是当事人,就连旁边的人也会跟着笑作一团呢!

说穿了,所谓好笑,不只是说有趣的事情或瞎起哄而已。**只要你能点出背后的真相,说到对方的心坎里,就能引发笑声**。这种笑和听到趣事而发出的笑并不相同。

我有一段时间曾认真地学习过看手相。假设我对一个沉默寡言的人说:"你表面上看起来是个冷静的人,但吵起架来比谁都凶哦!"如果猜对了,对方就会嘿嘿一笑。

即使没猜中,对方也会说:"不是啊,我其实……"

接着,他就会描述自己的性格,并慢慢触及内心深处,谈话的气氛也会逐渐变得融洽和热烈。

最近很流行心理分析类的APP(应用程序),气氛尴尬时可以拿出来和大家一起玩,这也不失为一个调节气氛的好方法。

活用范例

"XXX看起来沉默寡言,但其实还蛮健谈的。"

"XXX看起来很大胆,其实也有胆小的时候。"

公式 23 **感受到对方有不为人知的一面时,不妨说出来看看吧!**

CHAPTER 3

秃头有分：讨喜的秃头和不讨喜的秃头

有的秃头很讨喜，有的则不讨喜。同样，有的胖子很讨喜，有的却不讨喜。

比如去聚餐时，发现一个以前没见过的新朋友很明显戴着假发。

慢慢地，每个人都发现了这点，对话虽然没有中断，但是现场弥漫着紧张的气氛。因为在他本人没提到这点之前，没有人敢谈这件事。

如果这时当事人突然说："哎呀！我猜大家都发现了。没错，我戴着假发！"

这个人主动化解了大家的尴尬，自然会受到大家的喜爱。大家会不由地敞开心扉，觉得他很好相处。

是否懂得自我解嘲，可以作为评量一个人是否风趣的标准。假设你不希望别人笑你，不想自曝其短也行，只是必须承受来自周遭无形的压力："他一定感到很自卑，所以才不敢承认。"与其这样，不如自己先说出口，现场的气氛也会因此缓和许多。如果你能主动释放出"没关系，大家可以尽量吐槽我"的善意信号，那你就会成为当天聚会的焦点。

肥胖的人也是一样，若以肥胖为耻，旁人一定会察觉到这点。相反地，要是能主动敞开心扉说："我很胖，而且我最喜欢吃东西了！"反而会让人觉得，你是个心理健康的人。

"你看，我的肚子肥溜溜的，摸摸看。"

假如胖胖的男生这么一搞笑，大部分的女生都会一边笑一边摸着说："讨厌啦，真的呀！"

越是觉得羞耻，越是想隐藏某件事，反而越会让现场气氛变得紧张。

身体肥胖、体毛浓密，这些容易让人感到自卑的特征，其实都可以逗人开心。

"你看你看，我的体毛超级浓密""没关系，你摸摸看"……像这样自我解嘲，即使对方不想摸，也会笑着说："才不要咧！"

女性也是如此。譬如一个平常穿着打扮很朴素的女性说："别看我打扮得这么朴素，其实我是个肉食女哦。"一般人听到她这么说，一定很想继续追问下去。

然而，只有一个特征不能当作笑料，那就是"体臭"。因为体臭会引发生理反应，所以无法令人发笑。

活用范例

（看起来显老的人）"别看我这样，我还不到三十岁呢！"

公式 24 自我解嘲反而是最好用的武器。

CHAPTER 3

自己觉得很有趣，但现场反应却很冷淡时的 3 个应对策略

"我明明说了那么有趣的事情，却没有人笑。为什么大家都不懂我的幽默？"或许你也曾经发出过这样的疑问。

出现这种情况，通常不是因为哏不好笑，而是因为说话的方式出了问题。

〈症状 1：提早破哏型〉

A：（平常一脸严肃的）部长一本正经地找我过去，我还以为要说什么，结果他说：'你那个伴手礼可以给我一份吗？'原来部长喜欢吃八桥饼（日本京都最具代表性的名点特产）啊！

B：你是说部长跟你要八桥饼吃？

从这段对话中，我们很容易看出笑点在哪里：

一向严肃的部长居然对下属说出"可以给一份伴手礼吗"这种孩子气的话。这本是很明显的反差对比，结果却因为说话者没有表明部长一向严肃的性格而使反差不足，导致对方听不出笑点。**由于说话者没有铺陈（铺哏），因此听的人不明就里。**

没做好铺陈就提早破哏，对方就无法知道笑点在哪里。

另一个常见的错误做法就是，一开始就跟对方说："我告诉你一件很有趣的事。"这是一种很扫兴的方式。因为听者会自动提高期待值，要是事情根本没那么有趣，反而会有一种扑空的失落感。

既然你觉得某个笑点很有趣，就表示里面一定藏有笑料。因此，不要着急，冷静铺陈，适时地把笑点抛出来就可以了。不过要注意一点，就是铺陈不要过于冗长，否则会导致对方还没听到笑点就失去了耐心。

〈症状 2：离题型〉

有些人说话东拉西扯，总爱跑题。（女性朋友似乎特别容易犯这种毛病。）听这些人说话，我常常在心里纳闷："你到底想说什么？"或许说话的人不觉得有什么不对劲，但对听的人来说，简直生不如死，只能在心里嘀咕："到底想讲什么啊！"有时绕了一大圈，说话者还会将自己绕进去："咦，怎么会聊到这些？我刚才想讲什么？"

想避免这种毛病，就要在说话前先确定自己想讲什么。若途中不小心离题，就赶紧提醒自己。此外，根据我的观察，那些讲话老是跑题的人，基本上都是不舍得丢掉东西的人。

〈症状3：炫耀知识型〉

比如在联谊会上，有一个人从头到尾都在发表他对现今渔业面临的困境的看法。他从渔业的历史开始讲起，一直讲到如今的国际市场问题，滔滔不绝，让人觉得不听他说完好像很没礼貌。但事实是，全场的气氛早已降到冰点。

这种只顾着炫耀自己知识的人，很容易忘记一件重要的事,那就是其他人不一定有兴趣听。

倘若你真的很想炫耀一下自己渊博的知识,那就请注意一点,即只发表**能够和对方产生联系**的知识。比如,服务生端来一道秋刀鱼的料理,你就可以趁机展现自己渊博的捕鱼知识,而且要适可而止,即在对方失去兴趣之前,赶快打住。

公式 25 ▶ 当听众兴致不高时,检视自己是否犯了这几项错误。

THE RULES OF
THE FASCINATING TALK

CHAPTER 4

情境篇
20条有趣之人的说话公式

实践！有趣的对话需要充分的准备和足够的勇气

以棒球运动为例，为了应对球场上的各种状况，棒球运动员需要练习各种打击和触击技巧。

会话也是如此，我们除了要磨炼自己的会话能力，还要练习各种状况发生时的应对技巧。简单来说，本书的前半部属于基础理论，接下来的部分则属于实践练习。

在实践的过程中，你所需要的就是**充分的准备和足够的勇气**。

在工作上，我们常看到有些人会因为现场状况没有按照事先计划进行而变得手足无措。

比如做提案，当事人常常以为自己已经做好万全准备，但实际上所做的准备多半只是在修饰提案而已。而且，这些提案也大都只是将之前的成功经验复制修

CHAPTER 4

改一番。其实这些根本称不上准备。只从自己的角度进行准备工作有一个很大的风险，那就是当现场发生突发状况时，你会发现之前的准备漏洞百出，捉襟见肘。

做准备时，最重要的就是要全面掌握即将面临的各种状况。你必须要根据对方公司的规模以及之前的交往记录等信息来设计你的提案。会话也是一样，根据人数多寡、场合环境等情况的变化，聊天的话题以及说话的方式也必须随之改变。

除了做足准备外，勇气也很重要。即使脑中已经拟定好计划，但将其转化为行动仍需要相当的勇气。反过来说，只要做足准备，剩下的就只是勇气的问题了。

但是，做足准备并不容易。因此，在第四章中，我为大家准备了各种情境的会话范例和说明，让你从现在起就能开始实践。

请利用本书做好事前准备，然后在现场鼓起勇气，大胆使用这些技巧，你一定会惊讶地发现，原来自己也能成为聊天高手！

〈两人交谈〉
八分听,两分说

有时候,我们会碰到一些必须和不熟的朋友说话的场合,像是刚好在路上遇到同事、回家时遇见顺路的点头之交等。

这种情况不宜急着将对方逗乐。

正确的做法是,**专心听对方说话**。

当你为了逗乐对方而自顾自地说话时,对方多半也会露出笑容来回应,即使他一点也不觉得有趣。(大家有没有发现这种事呢?)

因为现场只有两个人,就算你说的话十分无趣,对方也会礼貌性地笑一下。现场只有你和他,他不笑不行啊!

尤其当只顾自己说话的人是男性,而听者是女性时,情况就更严重了。男性会以为自己很幽默,于是

CHAPTER 4

更加拼命地搞笑，但对方根本就是在强挤笑容，时间久了也会觉得疲倦。这时，男性越是拼命讲，女性越会觉得无趣。

○─ 人最开心的时候，就是有人听自己说话的时候

人们在聊天时，通常什么时候笑得最开心呢？就是聊到他自己的时候。 换个说法，就是当别人对他感兴趣的时候。

你只要不停地问对方的事情，比如兴趣是什么、擅长什么等，对方就会越来越开心。记住，这里的秘诀就是"**八分听，两分说**"。总之，这时千万不要自作聪明，通过拼命讲笑话来逗对方发笑。

特别是面对交情尚浅的朋友，更要注意这点。我曾经和一个初次见面的朋友一口气聊了两个小时。其中，我说话的时间大约占两成。即便如此，对方仍觉得这次对话很有趣，事后还写了一封电子邮件给我："谢谢你今天一直听我说话，下次就换我听吉田先生说

话吧!"

很神奇,对吧?我根本没说什么话,但对方却想找时间多了解我一点。

不过使用这个技巧有一个大前提,那就是和不熟识的人进行一对一的谈话,而且对方也有意愿把气氛搞好。

综上所述,两人交谈时,最好的方法是,在对方为气氛尴尬担心之前,就先让对方感受到"我想听你说话"的善意,然后专心倾听,听到有兴趣的地方就主动发问。唯有被问到时,才提及关于自己的事。这么做就足够了。

想和不熟识的人聊得尽兴,秘诀就在于"八分听,两分说"。

看场合说话

公式 26

如果对方是在强挤笑容,时间久了就会觉得疲倦。

CHAPTER 4

〈与朋友闲聊〉
好事以坏事收尾，坏事以好事收尾

和知心好友聊天时，可以毫无顾忌，畅所欲言，因为大家意气相投，所以聊起来特别自在。但想要聊得更开心，就可以使用这个秘诀：好事以坏事收尾，坏事以好事收尾。

〈好事〉
"我之前在百货公司的活动中抽到一等奖啦！"（好事）
"好厉害！"
"可是一等奖是十公斤大米，我扛着它坐公交车回家，累死了。"（坏事）

〈坏事〉
"昨天坐公交车回家，车子突然熄火了。"（坏事）

"真倒霉!"

"因为车子一直发动不了,我就想找个地方喝酒,结果找到一家很棒的店。下次一起去吧?"(好事)

我们都会向好朋友抱怨,但抱怨也可以变得有趣,只要掌握两个重点。

第一个是**描述要具体**。你描述得越生动,对方就会听得越投入。第二个比较高级,那就是用抱怨来铺垫。方法其实也不难,**只要把抱怨转换成正面的想法即可。**

〈一般人〉

"上司每次都买一大堆不怎么好吃的糖果作为伴手礼,还让我负责分发,同事们都面有难色,没有人想要,我就像瘟神一样到处被拒绝。"

〈有趣的人〉

"上司每次都买一大堆不怎么好吃的糖果作为伴手礼,还让我负责发送,但同事们都面有难色,没有人想要,我就像瘟神一样到处被拒绝。**不过,他偶尔没**

有买时，我还会有点遗憾，心想：'咦？为什么这次没有买？'"

有趣的人会先说明上司的性格。既然是和熟识的朋友闲聊，描述得具体一点也没关系，对方一定会有耐心听完。

说话者在最后加了一句："不过，他偶尔没有买时，我还会有点遗憾，心想：'咦？为什么这次没有买？'"这会让听者产生遐想："你该不会是喜欢吃那些糖果吧？"假如只是纯粹的抱怨，就不会有这种效果了！像这样，稍微铺垫安排，抱怨也能变得有趣。

看场合说话
公式 27　**稍微花点心思，抱怨也能变得有趣。**

〈与朋友闲聊〉
聊聊最近的小爱好

有时候交情越好，越容易陷入无话可聊的窘境。这时，你可以聊聊**最近的小爱好**。

"我最近突然很爱吃柿种米果（日本传统米制点心）！一吃就停不下来，几乎每天都吃。"

"柿种米果有很多口味，还有芥末味儿的，你知道吗？"

"可是芥末口味的分量太少了，虽然价钱和原味的一样，可是分量要小很多。"

"柿种米果应该怎么吃啊？感觉每个人的吃法都不同，有些人一定要配着花生米吃。"

只有和交情深的好朋友，才可能像这样天南地北地聊一些芝麻绿豆之类的琐事。

CHAPTER 4

但这种看似琐碎的话题,其实需要相当敏锐的观察力。大家可以把日常生活中觉得有趣的小事或最近的爱好记在日记本里,比如"最近我在网上看到一个东西"或"最近迷上收集百事可乐的赠品"等,等有机会时,就可以拿出来和好友分享了。

越是芝麻绿豆之类的小事越有趣。

看场合说话

公式 28 因为交情深厚,所以即使芝麻绿豆的小事也能炒热气氛。

〈在职场受欢迎的秘诀〉
对上吐槽，对下装傻

要想在公司左右逢源，受人欢迎，只需记住八字秘诀，即**"对上吐槽，对下装傻"**。

"对上吐槽"是指在与上司相处时，要秉持有话直说的态度，并懂得适度地"没大没小"。

注意，在使用这一秘诀时，最好能先了解一下领导的性格。因为只有了解他的性格，才能更好地把握适度原则。比如，上司说："我最近过得不太好。"你开玩笑说："您是指打高尔夫球，还是指夫妻相处呢？"假如你的上司是个开明随和的人，那就不打紧，怕就怕他开不起玩笑，你一定会被摆脸色，接下来日子就难过了。

根据我的观察，**能受到上司赏识的人，通常都是有话直说的人，而能够赏识有话直说者的上司，通常都是有能力的人**。与之相反，那些喜欢阿谀奉承者的上司，基本上都是无能之辈（没错，溜须拍马的人最后升官发财的不在少数。但这样真的好吗？每天在公司逢迎拍马，就算升官发财，顶多到五六十岁就结束了，与其这样，倒不如开开心心、自尊自爱地过好每一天。）

试着让自己的话语变得有趣之后，你的工作和生活也会变得有趣。相反，在工作中强迫自己阿谀奉承的人，在其他方面也很难活出乐趣，只能一辈子都生活在压抑之中。

懂得把握时机、适度吐槽并说出自己意见的人，在有能力的上司眼中就是有趣的人。说不定，上司会因此而拔擢你。

下属与上司的相处之道有很多种，但至少勇于说出自己意见的人，有机会成为公司备受瞩目、不可忽视的"中流砥柱"。

看场合说话

公式 29 **上司对玩笑有几分肚量，在工作中就有几分能力。**

〈与上司或前辈说话〉

肯定 + 吐槽，成为受人喜爱的下属

我和上司说话时，一直都彻头彻尾地扮演吐槽者的角色。

一般情况下，即使下属装傻，上司也不会吐槽回去。

因此我认为，假使上司说"应该是这样"时，你大可吐槽回去："没有吧？应该是这样才对！"

对上司而言，敢说出自己意见的下属通常容易受到他们的青睐。（站在上司的立场想想就知道，上司通常会比较在意自己是否受到下属的信赖。）

若你吐槽的功夫练到了一定境界，还有另一个好处，那就是能提升自己的语言敏锐度和观察力。

那么，怎么吐槽才能让自己和上司的会话变得有趣呢？

请大家比较一下这两段对话。

〈A〉

上司：我真的老了，最近觉得工作越来越吃力了。

下属：才没这回事呢！

〈B〉

上司：我真的老了，最近觉得工作越来越吃力了。

下属：不过，您还是常常熬夜加班啊！

上司在发牢骚的时候，心里其实**希望有人跟他唱反调**。上司希望听到别人的称赞，借此来获得满足和自信。

在例子〈A〉中，下属的回答看似在称赞上司，但这样回答体现不出俏皮有趣，容易冷场。

相较之下例子〈B〉比较好一点，下属说话的**内容变得稍微具体了**，上司可能会想："嗯，没错，我现在还是会加班啊！"并觉得自己的努力得到了下属认可，认同感就会高一些。不过，这还不是最好的回答方式。

〈有趣的对话〉

上司：我真的老了，最近觉得工作越来越吃力了。

下属：不过，您到了晚上倒是挺有精神的。不是吗？

这个例子是把**对话的焦点从工作转为"晚上"**。当然，这里面藏有许多弦外之音，可以增加听者的想象空间，让人忍不住发笑。旁观者听到这句话可能会觉得这个上司平常工作怎么样不知道，不过到了晚上却是精神百倍，被调侃的上司大概也只能苦笑吧。

稍微转个弯，就能让对话变得有趣，类似的例子还有很多。

〈范例〉
上司：ＸＸＸ开始讨厌我啦！
下属：可是前台的ＸＸＸ小姐说您好帅哦！

上司：最近工作不顺利。
下属：有什么关系！您的夫人这么漂亮。

直接回答的话，大概就是"没这回事""怎么会呢"

等等，太过单调乏味。当对方说他被人讨厌时，你先想想谁对他有好感，然后再回答他。稍微转个弯，就能增加对话的趣味性。

"不过+肯定"的句式让对话不中断

大家还可以谨记一个技巧，那就是多使用"不过+肯定"的句式。

只要巧妙运用这个技巧，你就不用担心话题会中断。

〈范例〉

前辈：你也知道我被调到新的部门，那里的同事每天都在抱怨，连我的心情都受到影响，变得郁闷起来了。

下属：我懂（表示认同）。学长是一个积极乐观的人嘛！不过，待在那个部门也有它的优点，不是吗？（不过+肯定）

前辈：是啊，没错啦！这个部门是目前公司发展最快的部门，不过工作量跟以前比多了一倍！

下属：真辛苦啊（表示认同）。不过学长工作效率很高，肯定没问题的！（不过＋肯定）

前辈：我才刚调过去，很多事情还在摸索中。

下属：我可以想象那种感觉（表示认同）。但学长每次接手新工作，都能很快上手啊！（不过＋肯定）

这个技巧的关键在于，在"不过"之后，表达"肯定"之意。

只要重复"认同→不过→肯定"这个模式，对话就能一直持续下去。

公式 30 看场合说话

如果上司或前辈对你抱怨，表示他们想听到反对的意见。

图 4-1 "肯定对方"的吐槽

上司：年纪大了，最近觉得越来越力不从心了。

下属：才没这回事呢！
（一般的回答方式）

➡ 不怎么有趣

上司：年纪大了，最近觉得越来越力不从心了。

下属：不过，您还是常常熬夜加班啊！
（较佳的回答方式）

➡ 可以鼓舞对方

上司：年纪大了，最近觉得越来越力不从心了。

下属：不过，您到了晚上倒是挺有精神的。不是吗？
（转个弯，让对话更有趣）

➡ 增添对话趣味

〈对下属或晚辈说话〉

说一个比对方更加失败的经历——"MORE 失败理论"

与上一节不同,这一节则是要告诉你:和后辈说话时,要扮演装傻的角色。

简单地说,就是聊自己的失败经历。

我举个例子,有一个后辈因为企划案没通过,来找我诉苦,我跟他说:"那有什么!我刚进 NHK(日本广播协会)时,在讨论企划案的会议上,自告奋勇地说我想制作一档《硬式摇滚之夜》节目,结果被大家嘲笑,比你还惨呢!"

讲一个比对方更加失败的经历,不仅能鼓励他,还能引发共鸣。

这就是"**MORE 失败理论**"。

一般来说,前辈在和后辈谈话时,总喜欢大谈自己过去是如何克服困难的,但这样容易流于说教。

CHAPTER 4

对后辈而言，说教只会让他们退避三舍，而且克服困难的经验之谈，有时还会产生相反的效果，因为这样会让后辈觉得自己不如前辈，从而丧失自信心。因此，在这种时候，谈谈自己失败的经历反而是鼓励后辈的最佳方法。

后辈：客户看过我的企划案了，但他似乎不太满意。

前辈：我还曾经被人当面把企划案扔在身上说"你做的这种东西根本不是企划案"呢，你的情况比我好太多了。

后辈：什么！原来学长也有这种经历。

或者将自己在他那个年纪的事迹拿出来调侃，这样也很有效果。

前辈：我在你这个年纪时，根本就一事无成。跟我比起来，你好太多了。

这么一来，不仅抚慰了后辈的心情，还能缩短你与后辈之间的距离。随后，你可以再细问："说真的，当时你的心情怎么样？"由于后辈或下属往往会对前辈或上司敬而远之，因此如果由你主动发问，对话会比较容易进行下去。

和下属或后辈谈话，最应避免"都是因为你怎样怎样"或"你应该怎样怎样"的说话方式。可很多人却喜欢这么说，但我相信没有人喜欢听这些话。**与其说"你应该怎样"，倒不如说"我觉得怎样"**。

○ 说教过后，利用"嘘寒问暖"来缓解气氛

虽然我不建议说教的方式，但有时候却不得不说教，那该怎么办呢？

当然，该说的还是要说。说教过后，你若觉得过意不去，可以讲几句嘘寒问暖的话来缓和一下。可以问一些私人话题，比如**"最近去打过高尔夫球吗？""你女朋友（男朋友）还好吗？"**等。

假设对方有家室，你还可以问：**"你太太（先生）最近好吗？小孩最近好吗？"**

CHAPTER 4

这些嘘寒问暖的话语有助于缓解对方的情绪。

询问对方的私生活其实释放了一种信号，表示**我在关心你哦**，同时传递出一种态度，即虽然你在工作上出现了失误，但我没有否定你这个人。

大家不觉得懂得这么说话的上司很贴心吗？

最后，请谨记一点，想要成为下属眼中的好上司，秘诀就是留下破绽，让下属或后辈有机会吐槽你。

看场合说话
公式 31 下属或后辈不想听人说教，他们想重新找回自信。

图 4-2 谈自己的失败经历——"MORE 失败理论"

CHAPTER 4

〈开会〉

在保证可行性的前提下，思考有趣的提案

怎么做才能在会议中成为众人瞩目的焦点呢？关于这点，很多人都搞错了方向。

大多数人以为，只要提出公司没有做过的事情，就是独特的提案。

例如有些人会提出别的公司都怎样，但我们公司就是不知变通。这样的提案大抵都不会被采纳，而只会将讨论会变成吐槽会。我也曾遇到过这种人。他告诉大家，他想做类似于《男女纠察队》的节目，但最后公司以"民营电视台已经在做"为由，否决了他的提案。想做《男女纠察队》，直接去那家电视台不就得了？更何况，他没说清楚打算怎么做这个节目。

为什么有些人的提案特别容易吸引大家的注意力呢？其实他们只是把握好了两点：

①没有人听得懂没关系,先抛出一个新奇有趣的点子。

②之后再用大家所熟悉的事物来解释。

站在公司的角度,决策者绝对不会贸然接受过于新奇的点子。但如果提案者真的有决心做,就要想办法说服公司决策者。这种提案要是能成功,一定会产生很大的反响。

以上面《男女纠察队》的例子来看,假如是要复制一个同样的节目,根本就了无新意。相反地,若能在节目中加入自家公司的特色,公司不但容易接受,观众也会觉得很新奇。

○─ 提案时,不能只聚焦于有趣与否

如果你的提案不够有趣,一定会遭到否决,但光有趣还不够。

要想恋爱成功,关键在于把自己的爱意原原本本地传达给对方。

CHAPTER 4

提案也是如此,提案成功与否,关键在于你能否清楚明白地表达自己的想法。

这时候,千万不要自认为"我这么说,大家都会懂吧"。自己好不容易才想出有趣的点子,但若不能让对方理解,那也毫无意义。因此,提案取得成功的关键有两点:一是自己是不是真的觉得提案有趣,二是能否清楚准确地传达给对方。

举例来说,假设你正在开会讨论一部连续剧的企划方案。

你可以先简洁地说出自己的设想(铺垫)。

"这是一个在关东近郊的洞窟里待了四十三年,过着原始生活的男人的故事。"

由于这句话太过唐突,想必在座的每个人脸上都会现出疑惑的表情。

接下来,你开始说明自己觉得有趣的部分。

"不过,他并非一直是孤身一人。十三岁离家出走时,他的狗跟着他跑了出来。他捕过山猪,也曾被附近农家的夫妇收为养子。他有过初恋,也曾和黑道打过架。他的人生跌宕起伏、波澜壮阔,其精彩程度不输于伟人,因此我觉得很有趣。"

通过具体的描述,**列举出自认为有趣的重点。**

最后,你可以这么总结:"这个故事的背景设定在现代。在这个不爱惜生命的时代中,这位男子汉选择坚强地活下去。我认为,他的故事可以带给许多观众勇气。这么有骨气、有意义的企划方案也**只有我们做得出来**,请给我机会,让我试试。"

只要你谦虚坦诚地讲出上面的话,就能把自己的想法传递给在场所有的人,让大家完全了解你的提案。

所谓"有趣"不光是让人发笑,还要能让人再三回味。大家都喜欢听热情坦率的话语,即使最后这个企划方案没有通过,依然能给大家留下深刻的印象。当然,有的提案太过标新立异,让人不好意思在众人面前直率地表达自己的想法。但这种不好意思的感觉其实只是内心胆怯的表现。我也是个矜持、脸皮薄的人,每次要报告标新立异的提案,都会在内心挣扎许久,但最后都是抱着豁出去的态度讲了出来。

而且,我在提案的最后,**一定会强调"由我们公**

CHAPTER 4

司来做，意义非凡"以及"只有我们公司做得出来"这两点。

在公司里工作，意味着什么事都得按照公司的传统文化来做，但其实每个人内心都渴望新事物。如果你能强调创新的提案和公司的特色之间的关系，大家就会对你的提案抱有期待。

另外，若提案是公司从未尝试过的新点子，最后可以加上一句"把它当作一个挑战吧"，以此来激发大家的斗志。

但要注意的是，千万不要说："**我们一起来挑战吧！**"这句话的言下之意是，不答应的人就是不敢接受挑战，这时一定会有人心想："为什么要把我拉下水？"

> 看场合说话
> 公式 32 **其实大家都想做些新鲜事。**

〈开会〉

神奇吧？只要接纳对方的意见，就能成为有趣的人

由于害怕遭到否定，提案者在会上讲述自己的提案时不免会战战兢兢。但开会实际上是一个集思广益的过程。**如果能转变思维，虚心接受大家的意见，不仅能取悦大家，而且还能根据反对意见来完善自己的方案。**

举个在会议上的例子：

对方：这个设计可能无法获得年轻女性的青睐，你觉得呢？

你（提案者）：说的也是，那么就找一个年轻女性喜欢的知名插画家来重新设计一下包装。

这时，对方会因为你接纳他的意见而感到开心，并认为你很懂他。而就提案者而言，自己也可以借

此发现新的观点，挖掘出更棒的点子，岂不是皆大欢喜吗？

○- 身为上司，更应该接纳别人的意见

如果你是上司，就更应该少说多听，多问大家的意见。假如底下的人踊跃提议"我想做这个""我是这么想的""我觉得朝这个方向做不错"，你就可以试着整理大家的意见，并从中提炼出一个新的点子，然后问大家："既然如此，我们这么做好吗？"这样就能获得下属的信赖。

作为上司，若自己的提案遭到否定，由于害怕自己被下属看作无能之人，便会下意识地采取防御的姿态，进而失去冷静判断的能力。

想要获得下属的信赖，你必须**一边仔细聆听，一边整理大家的意见**，让下属觉得你在认真地听取他们

的意见，他们自然会觉得你是个有趣的人。

当你提出的意见遭到大家的否定时，即使心里很生气，也要和颜悦色地回答："**你说的（想法）有道理。**"只有说出类似的话，你才能真正开始思考对方意见的可行性。

身为上司，不需要每一次的发言都能令人惊艳。你需要做的是如何激发众人的潜能，发挥团队最大的力量。毕竟激发成员发挥各自的潜力，才是领导者最主要的工作。

看场合说话
公式 33 愿意听别人说话的人，就是有趣之人。

CHAPTER 4

[〈接待客户，与客户聊天时〉
自我介绍时，要学会适度自嘲]

与顾客见面时，一定会碰上需要介绍自己或同事的场合。

这时候最好用的技巧就是"**自嘲**"。

〈由客户开场时〉

客户：我们是通过ＸＸＸ得知你们网站的，看过之后，决定主动联系你们。

自己：我们网站的点击量这么少，感谢您居然能找到我们！

客户：之前听过您的演讲，那时我就决定一定要委托您来帮助我们。

自己：那场演讲我自己觉得内容还不错，但却没什么听众。

〈由我方开场时〉

"虽然我的客户满意度是公司第一,但因为和客户聊得太开心了,所以一直没时间交男朋友呢!"

主动提及自己的缺点,就表示你是一个懂得客观看待自己的人。这样的人全身上下会散发出一种从容、自信的魅力,给人留下真诚率直的印象,自然容易获得对方的信赖。但自嘲也要有个限度,我建议不要贬低自己的工作或商品。

顾客:我对这个商品很感兴趣,因此打电话咨询一下。

业务负责人:哎呀,这东西卖得不太好啦……

要是这样回答,我想这个商品大概永远都卖不出去。

○ 介绍同事给客户时,可以先赞美,再调侃

有时候,我们必须介绍同事给客户。

这时候就可以先赞美他,然后再提一个无伤大雅

的缺点。

比如：

"这位是我的上司XXX。他是我们公司的大将，但就是有点唠叨。"

"这是我的前辈XXX，他真的很厉害，我受到他很多照顾，不过就是小气了点，一次客都没请过。"

"这是我的后辈XXX，他很努力，不过有时候会做无用功。"（笑）

有些人听到你称赞他，一定感到很开心，但却不知该怎么反应。这时，你稍微调侃他一下，对方的心情就会放松下来。最重要的是，客户会觉得你们公司同事之间的关系很融洽。

这一招也可以用在自我介绍中。

"我是新员工ＸＸＸ。我工作很努力，找结婚对象也很努力。"

如果光说工作很努力，那就仅仅是在说漂亮话罢了。不但无趣，更无法给人留下印象。因此一定要再提一件别的事情来陪衬。我的建议是，不要害怕把糗事说出来。

那么,要怎么做呢?这里有一个简单的方法,那就是时刻提醒自己:**不要以漂亮话做结尾。**

特别是一本正经的人,若自我介绍的内容以漂亮话结尾,一定会担心对方的反应:"我把话说得这么满,不知道对方怎么想?"在这种心情的影响之下,对话很难持续下去。

再举一个女性的例子。

男性:你长得好可爱。

女性:不过我的房间很乱哦!(自嘲)

男性:真的吗,有多乱?

假如你很喜欢这个人,就可以这么说:**"要来看看吗?"**

就算对方真的过来看也没关系,因为你已经把丑话说在了前头,就不必担心他发现房间有多乱了。

我知道有些人对自己的容貌或口才感到自卑,没有勇气在众人面前自我解嘲。但只要在自我介绍之前告诉自己，**不以漂亮话作结的人容易受到大家喜爱**，就会比较容易说得出口，请大家试试看吧！

_{看场合说话}
公式 34 **不以漂亮话作结的人，更容易受到他人的喜爱。**

〈接待客户，与客户聊天时〉

越是大咖，就越要跟他闲聊

当你有求于大咖或客户时，你知道能否得到他们响应的关键因素是什么吗？**是你和他们闲聊的程度。**

看到对方房间里放着高尔夫球的优胜奖杯，你可以问："您经常打高尔夫球吗？现在这个季节打高尔夫球正适合呢！"看到他书架上摆满历史小说，你可以说："您喜欢读历史小说啊！那您最喜欢历史上哪个人物？"试着找出他感兴趣的话题来闲聊。

有些销售人员喜欢开门见山地说："现在，就让我来为您介绍我们的商品。"

但请试着站在顾客的角度想一想，你会想跟这样的销售人员说话吗？

人们有一个潜在的习性，就是不喜欢被别人说服。

因此，**先营造一个对方愿意听你说话的氛围非常重要。**

为此，你要给对方传达一种信息，即"我很关心你"。那如何才能传达出这种信息呢？最便捷的方式就是问对方问题。

教授推销术的书籍大多告诉读者要懂得推销自己。但假设对方根本没有意愿聆听，你用什么招数都没有用。**试着先聆听对方说话（最好是谈对方感兴趣的话题），等到气氛融洽之后，他便会主动听你说话了。**

事前调查对方的资料是一项必须要做的基本功课。只有这样，你才有可能和对方聊得开心，他也才会对你产生好感。

> 看场合说话
> 公式 35 **营造一个对方愿意听你说话的氛围。**

〈获得表扬时〉

一句"不是我要求这么做的哦",让你既不树敌又达到目的

当我们看到别人**毫不犹豫地说出真心话,或显露出不为人知的一面**时,总会忍不住会心一笑。

举例来说,老是板着脸的部长其实很喜欢吃甜点,看似认真工作的同事其实做事很马虎……有时他们不经意的表现,会让大家发现他们不为人知的一面。

只要能巧妙运用这点,你就能在友好的氛围中达成目的。

例如,你所属的团体即将被刊登在公司刊物上,通常情况下,只有组长的名字会被刊登出来,但组长却对你说:"我想把你的名字一起刊登出来,你觉得好吗?"这时你会怎么回答呢?

是不是很纠结呢?虽然很希望自己的名字被刊登出来,但直接说"好"的话,又感到不好意思。

CHAPTER 4

其实面对这种情况,你可以毫不犹豫地说:"那么就麻烦您了。不过先声明一下,不是我要组长把我的名字放上去的哦!"

直接把你内心的纠结说出来,然后再加一句:"**这一定要说清楚才行。**"

周围的人如果听到一定会笑出来。因为你不经意间透露出内心的真实想法:"**我很想将名字刊登出来,但又怕别人误会是我要求的。**"这时,大家反而会觉得好笑。

然后,你就可以在众人充满善意的拥护之下,达到自己的目的了。

当仁不让显得太过傲慢,但过于客气又会白白浪费一次难得的机会。

"我很想要,但又怕太出风头""我想这么做,但又怕受人刁难"……要是你有类似的困扰,请鼓起勇气,把内心的纠结说出来,一切都会迎刃而解。

> 看场合说话
> 公式 36
> **不要不好意思,将内心的挣扎说出口吧!**

〈联谊〉

受人欢迎的关键不在"吐槽",而在"贴心"

乍看之下,在联谊活动中,擅于吐槽的人最受欢迎。因为在联谊的场合,每个人都希望能炒热气氛,所以能引人发笑的吐槽者特别容易吸引大家的目光。

其实这是错误的观念。虽然吐槽别人可以炒热气氛,逗人发笑,不过有时候会深深伤害到被吐槽者的心。

女性:我每个礼拜都参加联谊活动,对象大都是IT企业的社长或棒球选手。

男性:联谊那么多次,都没遇到好男人吗?(吐槽)

可以感觉出来,这位男生的吐槽带着酸意。表面上他是在调侃这位女生很爱玩,但在女生看来,却是

CHAPTER 4

在嘲讽她"行情不好"。尤其当现场气氛热烈时,特别容易忽视被吐槽者的心情。

这个人可能是当天聚会中活跃气氛的最大功臣,是最受大家欢迎的人,但因为说了这句话,反而所有的功劳都化为乌有。

其实参加联谊活动时,最重要的能力不是吐槽,而是贴心。

男生可以主动和话不多的女生聊天,女生看到男生杯子空了可以帮忙斟酒。

热络的会话氛围以外的细节,才是决定成败的关键。

这个技巧不仅适用于联谊活动,也同样适用于职场。

在职场,人望的高低往往取决于一些不经意的贴心举动。比如,看到灰心丧气的人,你及时上前关心道:"发生什么事了吗?"别人帮你拿复印的资料,一定要说声谢谢……想成为受大家欢迎的人,就要多关注别人的需求,多考虑他人的感受。

其实,把话语权丢给话不多的人,有时效果会更好。譬如,"喂,大家暂停一下,我们听听×××怎么说嘛!×××你怎么看?"这时,那个人说出来的话就会特别容易让大家发笑。

"喂,×××,你觉得东京和大阪哪里比较好?"
"哦,我最爱名古屋。"

正因为他们有时会答非所问,所以才能更加客观,或者说用不一样的视角看待问题,让大家觉得很新鲜。

通过嘲笑别人来显露自己的人绝对无法成为有趣

的人。虽然可能由于当下气氛热烈,大家会笑出来,但事后冷静下来回想,绝不会认为他是好人。

大家参加联谊活动的主要目的不就是希望吸引异性的注意,让异性觉得自己很不错吗?

只要多做一些贴心的举动,比如关照周围的人、帮助话不多的人加入聊天、吐槽一些无伤大雅的事情、替大家倒饮料等,大家就会觉得你是一个很不错的人。

所以说,想成为有趣的人不是说话风趣就行了,还有许多其他不可忽略的细节哦!

> 看场合说话
> 公式 37
> **即使聊天的气氛再热烈,也不要忘记自己参加联谊的目的。**

〈找结婚对象〉

必胜恋爱法则
——从表达"我喜欢你"开始

现在不擅长聊天的人越来越多了。在如今的相亲联谊活动中,为了避免参与者因冷场而尴尬,主持人会事先给他们准备许多话题。不过,如果是那种时下流行的"快速换位"相亲活动,可能就没办法帮他们提前准备了……

对男性朋友来说,参加相亲联谊活动的首要任务就是把**"我对你有兴趣"**这个信息清楚明白地传达给对方。

和亲朋好友介绍的对象单独见面时,大家都是抱着交朋友的态度赴约,但相亲联谊是一种以结婚为目标的联谊活动,因此参加者都是抱着想找对象的态度参加的。在这种场合,女生最想知道的就是对方对自己的感觉如何。

因此，要是你有喜欢的女生，最好直接跟她说："我喜欢你。"假如你很害羞，不好意思直接表白，那你可以说："**刚见面就这么说似乎有点不妥，不过我真的觉得你很漂亮。**"

女性一听到这句话就会想："原来这个人对我有意思。"她的兴致自然会高昂起来，当然也会更愿意听你说话。她会好奇地想："（对我有意思的）这个人是什么样的人呢？"这时，你就可以表现自己了。

但当下次见面时，**你必须自始至终地听她说话**，多去了解她。在第一次见面中，你已经给她留下"这人对我有意思"的印象。但到第二次见面，你还一直自顾自地说话，只会给她留下不好的印象，让她觉得你是个喜欢谈论自己的人。

○─ 避免成为"饭友"

我活到这把年纪才知道，原来女性大多会对向自己表白的男性产生好感。因此，假如你不在一开始就告诉对方你对她有意思,那你们两人的关系很难进一步发展。倘若没有表达爱慕之意,却一直和对方来往,两人的关系很容易变成"饭友"。

要是你对她说过"我喜欢你",就算最后没有成功,你也会因曾经对她表达过爱意而在其心中留下美好的印象,你们之间的关系自然会好过普通的朋友关系。

若男生能在说出"我喜欢你"之后再约心仪的女生吃饭,那她赴约的兴致会更加高昂。假如没有在一开始就表达爱意,而是打算从朋友做起,先吃几次饭再说的话,那你很可能只会被她认定为普通朋友,再不然就是见几次面后,热情逐渐冷却,新鲜感逐渐消失……

那女性又该怎么行动呢?在男性看来,虽然有女生向他表白会很开心,但同时也会有压力。男人其实喜欢受到女性的吹捧,他们渴求得到女性的认可。因此,**最好的方法就是称赞他**。称赞会让男性(包括我)感觉"这个人(称赞他的人)对我很重要"。

总结一下：

男性要对女性明确地表达"我喜欢你或我对你有兴趣"。

女性要对男性频繁地表达"你好厉害或真不愧是×××"。

> 看场合说话
> 公式 38　**相亲时，男性从表达"我喜欢你"出招，女性从表达"你好厉害"出招。**

〈约会〉
与其逞强耍帅,不如坦诚相待

不管是谁,第一次约会都会多少感到有些紧张。

越是紧张,就越容易突然陷入沉默。

这时,千万不可以随意找一些无关紧要的话题蒙混过去,或反问对方会不会紧张,这样做只会让气氛变得更加尴尬。

逞强装作不紧张是大忌,**应该大胆告诉对方你很紧张。**

"抱歉,两人独处,突然让我觉得有些紧张,不知道该说什么。"

我相信对方也很怕陷入沉默,你先替他说出来,对方会感到轻松很多。而且,对方听到你说"因两人独处而感到紧张"会感到有点开心。因为这句话的言外之意就是"一见到你,我就脸红心跳"。

这招很好用,我觉得就算为此故意制造沉默也是

CHAPTER 4

值得的。

逞强耍酷绝非上策。

有些人会向约会对象炫耀自己以前交往过的对象都是如何厉害的人,显示自己很抢手,但这么做往往会起到相反的效果。

○─ 坦诚说出真心话,帮你轻松渡难关

接下来要谈的是与男性相关的私密话题。当男性"欲振乏力"的时候,千万不要说"因为昨天喝多了""最近工作太忙,好累"等借口。

男性为了维护自己的面子,一般会用工作太忙当作理由,但女性朋友可不会这么想。女性听到这些话,一定会把自己的魅力与你的疲倦联系在一起,然后认为自己没有魅力。

这种时候,你只要坦率地说:"看到你我就好紧张。"女性听到男性这么坦白,一定会忍不住笑出来,因为她从没听过有人会在这种状况下说出这种话。另

外这么说也间接承认她很有魅力，她当然会开心地笑出来。

我认为，在这样的情况下，"笑"是不可或缺的重要元素。因为做这档事的时候，女性最需要的是放松，但男性却时常如临大敌、严阵以待，一心追求表现，当然容易紧张。而紧张会导致说不出话，或者说，怕说话会破坏气氛，最后陷入僵局。

假如以放松对方心情为优先考虑，你最需要的就是保持微笑，通过笑容来增进双方的愉悦感。

无论如何，只要坦率地告诉对方你很紧张，即使不说"我爱你"，对方也可以感受到同样的心意。这个技巧非常好用，因此请善加利用。

公式 39 看场合说话

坦承自己很紧张，瞬间化解尴尬气氛。

CHAPTER 4

〈约会、接待〉
浏览美食指南之类的网站时，顾客评论比排名更重要

为了接待客人或约会，如今许多人都会借助美食指南之类的网站来寻找餐厅。我要提醒大家，在通过网络寻找餐厅时，不要只把注意力放在所谓的排行榜上。

比起餐厅的排名，你更应该注重网友对该餐厅的评价或介绍，这样赴约的时候就会增加可聊的话题。

请比较 A 和 B 的说法有什么不同：

A：这家店在美食指南网站排名第一，曾被电视台介绍过。

B：这家店是银座著名的 XXX 餐厅的主厨开的。听说店里的猪排饭中的猪肉是三分熟哦！

一般人听到 A 的话后大概"哦"一声，然后就接不下去了。通过"排名第一""电视台介绍"等信息，我们知道这家餐厅很不错，但就是无法产生共鸣。有时候甚至会起到相反的效果："你说电视台介绍过，不过感觉不怎么样啊！"

那 B 的话会引起什么反应呢？**"原来是那家餐厅的主厨开的啊，那这家店的东西一定很好吃！""猪肉可以做成三分熟？他们一定用了什么特别的方法吧！"此时，你的客人或约会对象心中一定会产生期待，并且希望知道更多的细节。**

这么一来，你们的对话自然会变得更为活跃，对饭菜的期待感也会增加。

当上菜时，对方会再次感到惊喜："哇，真的是三分熟，肉还带血丝呢。"这时，你可以说一些鲜为人知的细节："听说他们的肉都是空运过来的，而且立刻处理，所以才能做成三分熟。"经过这样的闲聊，会让对方觉得来这里吃饭是一件很特别的体验，饭菜吃起来也会更加美味。

调查一家餐厅，**重点不是调查它的评分，而是调**

查它为什么会得到这个评分。这么一来，你的体验就不会仅止于去一家饭菜可口的餐厅吃饭这么简单而已。

另外，选择餐厅时，最好选择那些有特色的餐厅。这样做的一个好处是，聊天时多了餐厅特色这个话题。

比如，"这家店提供十种岩盐供客人蘸用""这家店是银座的天妇罗（一种日本油炸食品）名店，面衣裹得超薄，薄到你看不出它是炸的"……通过餐厅的特色来充实话题，既能增强食欲，又能活跃气氛。

去餐厅吃饭跟工作不一样，不能光看排名，还要寻找出排名背后的理由来当作聊天的话题。

> 看场合说话
> 公式 40
> **选择约会餐厅时，不要光看排名，找出排名背后的理由来增添话题性。**

〈约会、宴会〉
翻阅杂志找话题

如果你想找一个能够炒热气氛的话题,那么我推荐你从常见的杂志专题中寻找。

下面我列举出三个最具代表性的话题,也是杂志里最常见的三个专题。

◎减肥

减肥和健康是每个人都会关心的话题。

假如我说,我曾从九十八公斤瘦到现在的六十八公斤。(是真的!)大家会有什么样的反应?是不是想问我:"你是怎么瘦下来的?"

坊间有各式各样的减肥法,比如苹果减肥法、碳水化合物减肥法等,大家一定会问"你试过什么方法?""真的有效吗?"……话题自然会扩展开来。

至于我是用什么方法减肥成功的……这个,下次有机会再说。

◎**算命**

除了可以利用看手相和做心理测验的APP来带动气氛外,直接找个地方算命也是种不错的选择。不管算得准不准,算命馆是一个大家都很好奇,但没事不会主动去的地方,只要有人提议,大家自然乐于前往。

再者,算命可以发现对方不为人知的一面,用算命作为聊天的话题,自然容易引起大家的兴趣。

◎**两性**

这是一个永不褪色的话题。

只是要注意不要以"真搞不懂男人(女人)"这句话作结。为了避免这种情况发生,建议大家多读一些研究男女不同之处的书籍。

我最推荐《为什么美女总是生女儿?》(台湾三采文化出版社)这本书,只要看完这一本,就能储备相当多的话题。

比如,书中说"一夫一妻制其实对男人比较有利",

不觉得这种说法很令人意外吗?

聊这类话题最重要的是,不要从自己的角度出发,发表"依我看,女人都是怎样"或"男人应该怎样,女人应该怎样"之类的话,而是要从人类学、社会学的角度发表富有知识性的观点,这样才会比较有说服力。

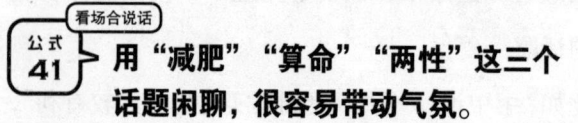

看场合说话

公式 41 用"减肥""算命""两性"这三个话题闲聊,很容易带动气氛。

CHAPTER 4

〈约会、宴会〉

称赞男性的手表，夸奖女性的拷包

缩短自己与对方之间心理距离的最佳方法就是称赞对方。想要和对方聊得愉快，试着从"阿谀奉承"开始吧！

首先，你要仔细观察对方，可以先从他的鞋子、手表和拷包开始观察。

如果对方是男性的话，看手表最简单，这样可以看出他的喜好。

假如他戴的是一块好表，那你就直接称赞他的手表："你的表很好看。"这样一定可以听到他的一些人生故事，比如"这是我父亲传给我的""这是我用第一份薪水买的""这是妻子送给我的"等。

每块手表都有一段故事，只要问出那段故事，就能越聊越起劲儿。

比如你可以接着他的话问:"你父亲是什么样的人?"这样就能自然而然地把聊天带入私人话题。

如果对方是女性的话,就要找出她的可爱之处。要注意的是,这里的"可爱之处"不是你觉得她可爱的地方,而是对方自认为可爱的事物。

最常见的就是挎包。几乎所有的女性都很注重挎包。

整理一下:
对男性→"这个×××很好看!"
对女性→"好可爱哦!"

有时满脑子只想着如何炒热气氛,可能会忘记原本的目的。我们聊天的目的是什么?不就是要给对方留下好印象,从而加强我们的人际关系吗?

既然如此,称赞当然是加强人际关系的法宝之一啦!

> 看场合说话
> 公式 42 **注意男性的手表,观察女性的挎包。**

CHAPTER 4

〈冷场〉

吐槽要及时，
转换话题要慢半拍

有时候，大家明明聊得很活跃，却由于某句话没有人接，现场突然变得鸦雀无声。

这时候真的很尴尬。

此时，任何人想要再补充些什么，或试图挽救气氛，都为时已晚。

遇到这种情况，我教大家一个救场的技巧，就是先停顿一下，然后说："**嗯，我们聊点别的好了。**"保准大家又会活跃起来。

这就是"转换话题"的救场法。

通常在这种状况下，大家都觉得很尴尬，但又不知该如何是好。倘若这时有人站出来说："我们聊点别的好了。"把话题往前推进，在场的人必定都会松一口气，并心存感激。

还有,说这句话的时机要把握好,切记不要急躁,一定等到气氛冷却之后再说。因为这招要在大家觉得尴尬的时候使出才会有效果。

○─ 吐槽要讲时效性

另外,适时加入"哪有这种事"这类的吐槽,效果也很不错。只是一定要立即反应,马上说出来。

比如,有人说了一句很冷的话,你一定要在气氛冷却之前赶紧吐槽,这样就能避免冷场。

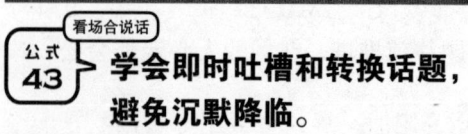

CHAPTER 4

〈遇到找不到餐厅或堵车等突发状况〉

用"怎么可能"四个字来缓和气氛

与人约会的时候,难免会发生一些出乎预料的突发状况。比如,和朋友吃饭却找不到餐厅、约好出去兜风却遇上堵车……大家都会心情焦虑,不知该如何是好。

这个时候,我建议大家用**"怎么可能"**这四个字来缓和气氛。

举两个例子:
(在餐厅林立的商业街,却找不到一家餐厅有空位。)
"怎么可能,我们该不会要变成难民了吧?"
(去滑雪场滑雪,到达后却发现没有雪。)
"怎么可能,我们该不会要从早到晚一直泡温泉吧?"

当既定计划受阻时,提议者或主办者内心一定会充满愧疚。这时，如果有人主动替他把困境说出口，他的压力就会小很多。另外，要是能再引导大家从另一个角度看待事情，现场的气氛肯定会缓和不少。

其实，"**我们该不会要变成难民了吧**"这句话，用的便是第三章所讲的"转换说法"技巧。

"**这里有这么多餐厅，怎么可能找不到一家店吃饭，我不相信。**"
→ "**怎么可能，我们该不会变成难民了吧！**"

如果将场景换作是乡下，餐厅本来就不多，这时候说"怎么可能"就一点都不好笑了。

○ 不说显而易见的事

这个技巧看起来很容易施行，其实需要细致入微的观察力才做得到。

首先要注意的是，**不要点破显而易见的事实**，比如提醒大家道:"这里不是商业街吗?"如果这样说,在场的人就不禁会想:"是谁提议要来商业街的?"这样会间接对提议者造成很大的压力。

这时应该说:"怎么可能……"
因为大家无意识中都知道"这里是商业街"这件事,所以当你说"怎么可能"的时候,大家会心领神会,心情缓解。

像这样,只需表达只言片语,对方就会自动补足完整的意义,这是电视节目或连续剧不断在追求的技巧(而且是难度非常高的技巧)。

打个比方,"我哥是个非常糟糕的人,因此造就了我现在的个性"这句话可以简化成**"我会变成这样,都是我哥造成的"**。大家不觉得后者比前者好懂得多吗?后者虽然没有提到"我哥是个非常糟糕的人",但听者会自动替你补足,心想:"那样的哥哥确实很糟糕。"

总结一下:

- **遇见突发状况时,用"怎么可能"一句话带过。**
- **不要点破显而易见的事实。**

只要记住这两项原则,下次遇到扫兴的突发状况时,就能急中生智,想出一句巧妙的话来救场。

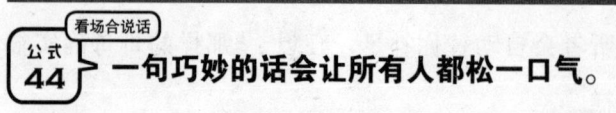

看场合说话
公式44　一句巧妙的话会让所有人都松一口气。

图 4-3 用"转换说法"救场

突发状况
在餐厅林立的商业街
居然找不到地方吃饭!

【心情】不相信!

转换

"怎么可能!"

【状况】找不到一家店

转换

"难民"

因此可以说:
"怎么可能,我们该不会要变成难民了吧?"

〈道歉〉

加上肢体动作，
更容易传达心意

该道歉的时候就要好好道歉，不要再去想说话是否有趣这件事。

不过，道歉的时候最好加上肢体动作，比如鞠躬、抱拳等，这样更能表达出你的诚意。动作可以比平时略微夸张一些。但千万不要太过夸张，因为那样就会显得虚情假意。

既然要道歉，就要**诚心诚意**。

我曾经一个人独自撑场四十分钟，整个过程全部都是在道歉。

这是发生在很久以前的事了。我们在录制一个唱歌节目时，录到一半居然停电，不得不中断录制。现场有三千名观众，停电的原因不明。担任舞台总监的

CHAPTER 4

我,非得把场面控制住不可。大家知道我这时候做了什么事吗?我只做一件事——道歉。

"对不起。"

我先鞠躬道歉。当然,观众一点反应也没有。

"我能理解,大家兴冲冲地跑来录制节目,结果却遇上这种事情,只能在这里耗时间。光说对不起根本无法弥补。"

说完,我立刻跪地磕头。

"这样还不够吗?好的,这边的观众是不是觉得还不够?那么,这边也……"

我对另外一边的观众也下跪磕头。

观众开始逐渐发出笑声。

"这位观众是从哪里过来的?北海道!从这么远的地方过来,那我一定要特别致歉才行。"

就这样,我想尽各种花招道歉,四十分钟过后,电源总算接上,重新开录。

当时我真的充满愧疚,因此在道歉时,动作做得非常真诚,我想现场观众应该都感受到我的诚意。只有心中充满诚意,才能做出真诚的动作。

再者,来这里录像的观众,都是抱着娱乐的心情来的,所以我希望我的道歉一方面也可以娱乐到他们,尽可能地满足观众的期待。

对方如果非常希望得到一个道歉,那就不要开玩笑,好好地道歉即可。若对方是希望你听他把话说完,那就专心听对方说话。重点是,你的动作要比平时来得夸张一点,让对方感受到你的诚意。

如果你觉得做不出夸张的动作,**试着加大平时的动作即可**。注意,不要光口头道歉,而是要通过肢体动作来传达心意。好的演员不会光靠面部表情演戏,而是会用全身演戏。虽然我们不是演员,但也能试着这么做。

看场合说话

公式 45

想要真诚地表达歉意,需要配合肢体动作才行。

THE RULES OF
THE FASCINATING TALK

CHAPTER 5

在演讲、主持等场合展现说话魅力的10条公式

演讲不用太卖力

首先，大家要认清一个事实，那就是，**演讲其实是一件很无聊的事情。**

无聊到即使演讲顺利完成，你还会不禁心想："太好了，终于结束了，我的演讲好无聊。"

但好不容易有机会上台演讲，当然还是希望听众能够喜欢，现场气氛能够活跃些。

别担心，这里有很多技巧可供使用。
记住，最重要的是，不要太过卖力。
因为演讲太过卖力，听的人也会跟着紧张起来。

结果就是，让人想笑也笑不出来，有趣的事也变得无趣，从头到尾能够传达给听众的只有紧张感。

CHAPTER 5

因此，我建议大家在演讲的时候要抱着这样的态度：**"反正大家都会觉得很无聊，但至少我自己不能觉得无聊。"这样，大家反而会更专心地听你讲话。**（但还是要看场合，不能一概而论。）

在本章中，我会介绍演讲、主持时所需的各种技巧。

总之一句话，比起紧张分分、一心想把事情做好的"拼命三郎"，举重若轻、从容淡定的演讲者更容易得到听众的喜爱。

〈演讲〉
鼓起勇气，说出眼前的事实

演讲最常犯的错误就是分不清楚场合。

演讲需要在公开的场合，和私底下的瞎起哄可不能混为一谈。

那么，在公开的场合需要注意什么事情呢？由于这种场合比较正式严肃，因此需要让听众心情放松。

那如何才能让听众心情放松呢？一个方法就是**说出眼前的事实**。

我认为，越是正式的公开场合，演讲者就越需要说出眼前的事实或自己的感受。

举例来说，你出席某个颁奖典礼。台上的主持人在采访领奖者时，将麦克风拿得太近了，导致领奖者都无法好好说话，声音听起来也很模糊。

这时，当主持人把麦克风对准你时，你可以这么说：

CHAPTER 5

"呃,麦克风是不是靠得太近了?"会场一定会传来一阵笑声。

其实你只不过是看到麦克风靠得太近了,然后把这件事说出口而已。

但这就是该方法的精髓。

现场的所有人都知道主持人把麦克风靠得太近这件事。然而,只有你把它点破了。

只要你发现大家明明都看到,却没人说出来的事实,就可以立刻使出这招。以这个例子来说,先把"麦克风靠太近"的台词记在脑中,轮到你上台时,就立刻说出来。

再举一个例子,如果你是婚宴的主持人,看到新娘的爸爸一脸严肃(其实他内心很高兴,但因为他是个不轻易流露情感的人,所以绷着一张脸),你可以说:

"新娘的父亲从刚才就一直面有难色,我看到他这样,连东西也吃不下去了。爸爸,您还好吧?"

如果爸爸笑出来的话,你可以接着说:"您这样我就放心了。"

这时，会场的气氛就会轻松许多。

或者，当会场有人咳嗽不止，你可以说：**"现场好像有人咳嗽个不停……您还好吗？"**

想必又会引发一阵笑声。

可能有人会担心，直接点出这个事实会不会太过失礼。但仔细想想，咳嗽的人可能正因为自己咳个不停而尴尬不已，假如你能把他的咳嗽化为笑点，他的咳嗽反而成为缓和气氛的最大功臣。这么一来，这个咳嗽的人比起之前的窘境，心里应该会轻松不少吧？这一招妙用无穷，好处多多，更多例子请参考图 5-1。

正确把握说话时机

另外，说的时机也很重要，刚才"麦克风靠太近"的例子需要一上台就立刻说出来。当你把听众逗笑后，大家已经对你产生了一个印象——你是一个幽默风趣的人。之后，即使你的言论稍微激进一些，或说一些冷笑话也无妨，因为大家对你的接受度已经提高了不少。

CHAPTER 5

如果你没有任何铺陈，上去就急着说出准备好的自我介绍，听众根本还不认识你是谁，当然不敢用笑声来回应你了，因为怕笑了会失礼。而且，在很多人还没进入状态之前，你可能就说完了，这时台下听众一定会一头雾水："啊？他刚说什么？"

因此，正确的做法是，先说几句应景的话，让大家进入状态，等大家觉得你为人幽默之后，接下来你就可以尽情发挥了。

只要让听众发笑一次，你的心情也会跟着放松不少，说起话来就会自然很多。

总结一下，在公开场合演说时，先检视以下两点：
- **有没有异常之处（比如说麦克风靠太近）**
- **有没有勇气说出来**

怎么才能发现异常之处呢？其实这和一个人的观察能力有关，比如现场状况、周围环境、自己与对方的关系等信息都要在瞬间读取并分析出来。

接着，如同刚才教各位的，把现场发生的状况忠实地呈现出来，就等于为演说定下一个有趣的基调。

使演讲具有趣味性的一个方法就是，观察现场发生的状况，并将它说出来。 能做到这一点，你就可以吸引众人的目光。

另外，记住一走上台，就要立刻与下面的听众进行眼神交流。注意，即使现场没有异常之处也无妨，可以试着将听众正在想的事情说出来。

比如，前面一个人的演说太过冗长，你就可以说：**"谢谢ＸＸＸ为我们带来的精彩演讲。不过，确实有点长了。"**

但切记，这只能当作开场白，轻松带过就好，不要想着一定要让大家发笑，给自己施加压力。毕竟，营造出临场感才是重点。

公式 46　帮大家把摆在眼前的事实说出来吧！

图 5-1 例子：如何使演讲具有趣味性？

▶ 在公司的典礼上，老板第一个上去致辞，结果走到台上时差点跌倒……

"刚才看到董事长差点跌倒，让我再次感受到，今天这个典礼有多么重要，连德高望重的董事长都紧张到差点跌倒，这意味着，我们公司将要迈向新的里程碑了。"

▶ 主持人太过紧张……

"我刚才看到连主持人都这么紧张，那我这个演讲人不就更紧张了？"

▶ 在结婚典礼上，新娘差点跌倒……

"刚才新娘差点被礼服绊倒，不过不用担心，从今以后，我们的新郎会一直扶着新娘，让她永不跌跤。"

〈演讲〉

越是擅长演讲的人，演讲的语气越淡定

前面已经告诉过大家，在公开场合讲话时，只要把眼前的事实说出来就能成为笑点。但是，用什么样的方式说效果会比较好呢？

答案是**从容淡定**地说。

虽然你看到的是事实，但说的时候，语气切记不可太夸张。不要大惊小怪地喊"喂，你把麦克风靠太近了吧"，而应该淡定地说"**麦克风好像离我有点近哦**"。这样更容易引人发笑。

为什么从容淡定地说更有效果呢？因为这件事大家都已心知肚明，所以平淡地说出来，比较契合大家的情绪。既然大家都察觉到了，就表示这件事早已众所皆知，这时就不用大张旗鼓地宣扬，平淡地陈述事实反而比较符合现场气氛。

CHAPTER 5

相反地,若摆出一副"只有我发现"的姿态说话,一定会遭遇冷场。因为明明大家都知道。

有些人以为有魅力的演讲者应该是声嘶力竭地大喊大叫,想方设法地谄媚观众。其实不然,有魅力的人说话都是很冷静、很淡定的。

不擅长演讲的人声嘶力竭、干劲十足,擅长演讲者举重若轻、从容冷静。这是演讲界的共识。

在私人聚会中,当大家聊得正嗨时,如果某人淡定冷静地发表意见,确实会破坏现场的气氛。然而,在公开场合或稍微正式的场合,冷静说出眼前的事实却是活跃气氛的好方法。

> 公式 47　事实还是淡定地说出来比较有趣。

〈演讲〉
反话法——说出与事实相反的话

绫小路君麻吕（日本落语家、搞笑艺人，有"毒舌漫才师"之称）最喜欢用反话法。

他一上台就会对着台下的大批欧巴桑（泛指中老年妇女）说："哇，今天的观众真是美丽动人啊！"

他每次这么说都会引起观众一阵大笑。

台下明明是一群欧巴桑，大家都心知肚明他说的不是事实，但就是忍不住笑。

接下来，请大家比较一下这两个句子：
A：哇，台下都是漂亮的年轻女生啊！
B：哇，台下都是欧巴桑啊！

CHAPTER 5

实际上，这两句话可能都会引起哄堂大笑，只是**大家听到 A 的话会忍不住开心地笑，但听到 B 的话则会发出自嘲般的苦笑。**

两者都是非常老套的哏，但前者因为大家都心知肚明是谎话，所以好笑的程度就会略胜一筹。

再比如，当看到台上的主持人太过紧张，说话结结巴巴时，你就可以说："**我们这位主持人啊，台风沉稳，说话流畅！**"

听到你这么说，大家一定会笑出来，那个说话结巴的主持人也会因为你这一番话而变得心情轻松，之后便会渐入佳境。像这样，看到某人当场表现不佳，陷入困境时，只要替他说句反话，就能缓和他紧张的情绪。

另外，说反话的时候，语气尽量要平和淡定，这样效果比较好。要是用夸张的语调说，大家就会把关注点放在你夸张的表情上。这么一来,这种方法的效果就会大打折扣,从而使场面气氛瞬间冷却。

再强调一次,说话尽量保持平和淡定的语气。只要你从容淡定地说,即使没有戳中听众的笑点,大家也不会察觉到异样,这样你就能若无其事地继续往下说啦。

> 公式 **48** 说反话也能使听众忍俊不禁。

CHAPTER 5

〈演讲〉
多点具体，少点客套

在婚宴场合上台讲话时，我们通常会赞美新郎和新娘温柔体贴、工作努力、助人为乐等。

但台下的宾客听到这些客套话，通常不会有什么反应，更产生不了共鸣。

假设你想要形容朋友温柔体贴，**就应该找一段体现这个优点的小故事来讲。**

比如你可以说："我和新娘是大学时代的朋友。印象最深刻的，就是她在我失恋的时候，整个晚上都陪在我身边，为我加油打气。"

只要说出具体的事例，就不需要再形容新娘是一个如何体贴的人了，因为大家通过事例就能真切地感受到。

在拟定婚宴场合的演讲大纲时，只要按照下面三个步骤做即可。

一、粗略写下对方的优点和特点

比如乐观向上、行动力强、温柔体贴、埋头苦干等。

二、为什么你会这么想？找出表现对方优点的相关事例

为什么你觉得他是乐观向上的人？什么事情让你产生这种感觉？他有没有说过什么令你印象深刻的话？

三、写下结语和一句祝福的话

最后做出总结，比如"他就是这么认真的人。我相信他一定会用心经营他的婚姻，永远幸福美满"。最后再加一句祝福的话，比如你可以说："一定要幸福哦！"这样就可以了。

说话无趣的人总是在谈观念

讲话沉闷无趣的人基本上都有一个共同点，那就

是喜欢说观念上的东西,而不讲具体事例。

比如,当公司在成功上市某个商品后,负责人在新品发布会上讲话。

一般人会说:"多亏公司员工的努力,才有这么棒的结果。"

这样讲话很难打动人心。来看看有趣的人会怎么说。

有趣的人则会说:**"我第一次意识到这个商品能够成功,是在一家做九州岛料理的居酒屋内,当时我正和ⅩⅩⅩ在讨论这个商品。**听他说完对该商品的感受后,我突然重新发现了这个商品的意义。之后,我们开发了越来越多的新顾客,让大家了解到这个商品的优点,这样才有了今天的成功。"

和一般人不同的是,有趣的人会说**"我在某个场**

合感受到什么",而不说"我是怎么想的"。

因此,在拟定演讲稿的时候,你可以先把自己想讲的观念列举出来,然后再**回想相关的经历或故事**。有些人认为,准备演讲稿就是埋头写一篇辞藻华丽、鼓舞人心的文章,但这样的文章很容易流于形式,缺乏实在的内容。试着加入一个具体的故事或经历,可以让你的演讲变得更加生动哦!

 大家想听故事,不想听观念。

CHAPTER 5

〈演讲〉
谈谈自己的失败经历

在演讲中谈自己的失败经历或者适当自嘲，也能获得不错的效果。所谓的自嘲，就是自己装傻，然后吐槽自己，最适合用于一个人发表演说的场合。

因此，如果你希望逗听众发笑，可以试着把失恋或求职失败的经历加进自己的演说中。下面举一个在朋友的婚礼上讲话的例子。

〈范例〉
"我失恋的时候，她不断安慰我说：'你一定会找到一个温柔的男生，他会对你说，你笑起来最好看了。打起精神吧！我相信那个人一定会懂得你的好。'"

→自己的失败经历＋称赞对方的优点

如果想要更有趣一点，那就想出一段令对方惊讶的回忆吧！

〈范例〉

"我失恋的时候，她不断安慰我说：'你一定会找到一个温柔的男生，他会对你说，你笑起来最好看了。打起精神吧！我相信那个人一定会懂得你的好。'后来我才知道，'你笑起来最好看了'这句话是新郎对她说过的，本以为她是在安慰我，**结果却无形中被撒了狗粮**。不过，这表示那时候她和新郎的感情就已经很好了。他们能结为连理，我真的替他们感到高兴。"

→自己的失败经历+对方的糗事

无论如何，千万不可以贬低对方。有些人会在婚宴的讲话中提及新郎曾经劈腿，或曾经交往过什么样的女生等，虽然最后会以"不过，他终究还是选择了我们的新娘"作结，但这时候新娘大概也高兴不起来。这是最糟糕的情况。

CHAPTER 5

　　这些事关起门来和好朋友聊或许还行,但绝对不适合在公开场合中说,因为大家的价值观与立场各不相同。

　　千万别做扫兴鬼,要看场合来说话。

公式 50 ▶ **在演说中谈论自己的失败经验,很容易逗人发笑。**

〈演讲〉

临时被叫上台也不怕，试着说出记忆中的小插曲

在欢送会或庆功宴上，大家应该都有过临时被叫上台发言的经历吧？

这时，大多数人的开场白都是诸如"这项长达九个月的项目能够完美落幕，都要归功于在座各位"或"我要感谢大家"之类的感谢语。

虽然这样说也没错，但我觉得**在此之前，最好说一个印象深刻并与当天主题有关的小插曲。**

"有一次，我看见课长叹气，心里不禁暗自担心，这个项目能成功吗？"

"已经退休的山田学长以前总是一大早就来到公司，比起他取得的工作成果，我更想问他，为什么每天都能那么早起床？"

CHAPTER 5

讲完这些小插曲后，就可以说客套话了。

"最后我还是要说，没有诸位的努力，就没有今天的成果。"

"虽然我就要退休了，但希望各位可以继续努力，为公司发光发热。"

这样的演说更能打动人心。

大多数人的做法刚好相反，总是先讲总结，再说小插曲。

试着改成**先讲小插曲，再做总结**，效果会完全不一样。

这个诀窍很简单，每个人都能做到，下次请务必试试看。

公式 51　临时被请上台也不要焦急，可以先讲一个令你印象深刻的小插曲。

〈主持、撑场〉

不要留恋，
朝下一个话题迈进

接下来，我要谈的是在主持或撑场时非常重要的原则。

当听众大笑过后，不要留恋，立刻结束这个话题。

在这方面，《情报 live 宫根屋》节目的主持人宫根诚司（日本著名媒体人）主持节目的风格非常值得参考。有一次，嘉宾评论员一直揪着某个话题不放，评论起来没完没了，严重影响了节目的进度。宫根诚司并没有回应他，而是直接进入下一个全然无关的话题。这样做虽然有些不礼貌，却保证了整个节目的流畅度和紧凑感。

我认为，这个方法不光是媒体工作者要学，而且每个人都应该学一下。

大家应该都见过这样的情形：有人在公众场合说

CHAPTER 5

了句玩笑话,结果主持人却不识趣地追问详情。

举例来说,在公司年会上玩游戏时,轮到社长和部长对战。

这时,部长说:"每次都被社长欺负,今天我一定要赢你。"

台下一阵大笑。

假如主持人没有经验,他可能就会追问详情:"社长都是怎么欺负你的?"

这绝对是大忌!这时候追问细节,对话题的开展毫无帮助。试着想象一下,如果你被问到这个问题,会怎么回答呢?可以想出什么高明的回答吗?"没有啦,其实他没有欺负我。"这大概是最好的回答了,只可惜白白糟蹋了这么好的哏。

想要问细节也并非不行,**但要隔一段时间后再走到社长身边问。**

主持人:社长,有人说他老被您欺负,您对此有什么看法?

等社长回答完后,再走到部长身边。

主持人：社长刚才说……您同意吗？

这才是正确的做法。

这招不仅适用于宴会等正式场合，也适用于喝酒聚餐等私人场合。

记住，戳中大家的笑点后，不要留恋，立刻进到下一个话题。

另外，还有一个鲜为人知的诀窍，那就是**当现场气氛正嗨的时候，就是你该静下来的时候**。你应该趁此机会思考下一阶段要用什么话题让气氛再嗨起来。虽然你已成功让大家嗨过一次，但如果沾沾自喜，而不未雨绸缪，只会破坏好不容易营造起来的热烈气氛。要将快乐的能量延续到下个阶段，你必须先想好下一步该怎么做。

在连续剧中，每一集的结尾都会留下一个悬念。假设每一集都很独立，观众的情绪不仅难以持续高涨，而且会逐渐低落。因此，拍好连续剧的关键就是制造期待感，让剧情在高潮之处戛然而止，留下意犹未尽的余韵，这样就能使观众产生期待感。

　　这个原则不只适用于连续剧，也适用于控场。即使你明知某个话题如果继续追问下去，还可以问出有趣的事，那也应该就此打住，直接朝下一个话题迈进。

公式 52　趁着气氛高涨时，准备下一个话题。

〈自我介绍〉
善用别人对你的印象

不管是参加联谊活动,还是调到新部门后第一次开早会,都需要自我介绍。但有些人却很害怕做自我介绍。

其实,自我介绍不需要炒热气氛,只需采用平时的说话方式即可,但若想给别人留下更好的印象,就要花些心思了。下面我给大家介绍两个方法。

◎善用别人对你的印象

比如,有些人明明很勤奋,却老是一副无精打采的样子,还有些人外表看起来比较显老,这时就可以使用这个方法。

你一站出来,大家心里可能会有些许疑惑:"这人看起来怎么有点老,不知道他的真实年龄是多少?"你只要在自我介绍的时候,消除大家的疑惑,就很可能将大家逗乐。

〈范例〉

"我看起来似乎年纪很大，但其实我才刚大学毕业而已，这是我的第一份工作。"

"我很有干劲！只是表情不太丰富，因此大家看不出来。"

另外，凸显外在印象与真实情况的落差，效果也很好。

〈范例〉

"虽然我看起来很瘦弱，但我的爱好是爬山，如今已经征服了许多高山。"

"大家别看我的妆化得浓，其实我的兴趣是集邮。"

一旦大家知道了令人意外的事实，对你的印象就会更加深刻。

◎吹捧对方

假设你被调到一个新部门担任领导工作。这时你可以试着刻意贬低自己，吹捧别人，这样对你往后的工作开展会有很大的帮助。

我第一次拍电影的时候，工作人员都是我不认识的人。在这样的陌生环境中，我又必须挑战自己从未尝试过的工作——拍电影，我明白自己一定要和大家搞好关系才行。因此，我一直在想，该怎么做自我介绍呢？

于是，那天我特意戴上了一副新眼镜，真诚地对大家说："能与各位合作是我的荣幸，**我和大家一样，都希望能给别人留下好印象，因此我减肥塑身，戴造型眼镜。**目前虽然只是外在形象的改变，但接下来，我会努力充实自己，请大家多多指教。"

我想一开始工作人员心里肯定会有疑虑："这个导演是什么来头？"但或许是眼镜和自我介绍发挥了些许作用，之后的工作一直都很顺利。

当你看到大家充满疑虑的目光时，不妨主动出击，先消除他们的不安。这么一来，不仅你可以松一口气，对方也会卸下心理包袱，后面的工作必定会更加顺利。

> **公式 53** 展现你不为人知的一面，
> 这样会给人留下深刻的印象。

CHAPTER 5

[
〈人前〉
逗笑众人的 4 个方法
]

我们有时必须站在一群人面前说话，但又不像发表演讲那么正式。这时，要是你可以将大家逗乐，过程定会顺畅许多。下面我给大家介绍几项技巧。

◎ **调侃特定的人**

在公开录像的节目中，主持人或艺人就经常使用这个方法。其实，这招在日常生活中也很好用。

比如，有时难免要早起开会，你可以看看同事之中，有没有一头乱发的人、化妆化得乱七八糟的人或者打哈欠的人。假设有人打哈欠，你就可以调侃他：**"昨晚喝太多了吧？"**

这个方法乍看之下难度很高，其实每个人都能做到，而且很容易就能逗人发笑。

◎请远道而来的人举手

这个方法适用于开派对或主持大型会议等场合。

"有没有人是远道而来的?你从哪里来?北海道?哇!从那么远的地方来,看样子你还蛮有空的嘛!"

虽然这种技巧很老套,但大抵都能逗人发笑。

◎说出大家潜意识中的共同想法

说出大家潜意识中的共同想法,会让现场气氛放松下来。

比如在公司早会上,如果你第一个发言,可以在正式发言前,喃喃地说:"**好困哦……**"这么说不但能引发共鸣,还能缓解大家心中的不满。

这时,千万不要说:"这么早就来开会,我想一定会有同事觉得很困,让我们一起抖擞精神吧!"这种鼓舞的话在大家确实精神萎靡的时候说,效果才会比较好。总之,一开始应该先强调大家共同的想法。

◎把焦点放在主角身上

无论是在公司里、结婚典礼上或交流会上,只要是人群聚集的地方，就会有主角。这时，你可以多利用现场的主角制造笑料。

比如，在结婚典礼现场。

"身为新郎的朋友，我有句话要对新娘的爸爸说。ＸＸＸ虽然是一个神经大条的人，但他心地善良，就劳烦您多多照顾了。"

这句话原本可以对在场的任何一个人说，但因为他特别提到新娘的爸爸，等于间接地吹捧了他。

"爸爸感受到新郎的优点了吗？"

"感受到了。"

不难想象，后面可能会进行类似的互动，让现场宾客笑声连连。

> **公式 54** 打破听众和说话者之间的屏障，就能获得意外的效果，引起一片笑声。

〈人前〉

巧妙化解"包袱"不响的尴尬

有时候,你讲了一个自以为不错的笑话,满以为能博众人一笑,结果大家却并不买账,根本没有意识到其中的"包袱"。

这种情况真的很令人尴尬。那么你该怎么做呢?是硬着头皮继续说下去,还是就此打住保持沉默?

下面我介绍几种化解这种尴尬情景的措施。

◎没人笑的时候装可怜

你说了某个哏,但没人笑。

"嘿,我刚讲的是笑话哦!"

"大家都觉得不好笑吗?真是打击人……"

像这样,将这种遗憾的心情表达出来,反而能逗大家开心。说话的时候,试着加入一点"装可怜"的要素。

当然，你也可以说"大家都不笑，好吧，那我不再说笑话了"或者"其实我接下来才要开始讲笑话"。

可是有些一本正经的人会把这些玩笑话当真，所以还是装可怜的方法比较保险一点。下面我再介绍一个升级版的补救金句。

◎ **"那个XXX都会捧场笑一下的。"**

比如你可以说：**"我们家的狗都会捧场笑一下的。"**

或许有人会说："哪有会笑的狗，看到狗在笑只是你的幻觉吧？"不过，可以肯定的是，他们都是笑着吐槽的。

你也可以说**"我们家乡的XXX都会捧场的哦"**或**"乡下的老婆婆都会捧场笑一下的哦"**。

可以说得夸张一点，顺便自嘲一下自己的眼界狭小。

◎ **多次重复，诱使对方发笑**

还有一招是"重复"。即通过反复提及，诱使别人发笑。这种方法适用于你精心设计的哏不被接受的时候。

"大家好像没听懂,那我再说一次好了。"

假如众人依旧不笑,你再说:"好吧,我再说一次。这可是最后一次哦!"

这一招使出来,估计多数人都会忍俊不禁。

如果大家还是不笑,那你就说"好吧,我决定今天都不说笑话了"或"好啦,我知道不好笑,今天我都不说笑话了",让对方感受到你正在耍小脾气。

还有一种情况是,第一次说的时候,大家觉得不好笑,但过一阵子再提起,大家就会觉得很好笑。

"哎呀,我怎么又提起这个,明明就不好笑。"

只要让大家觉得你很喜欢讲这个,现场的气氛就会轻松许多。

这么一来,一开始听众觉得不好笑的事情,就能顺理成章地当作后面铺哏的材料。

◎不可以强迫大家发笑

有一句话千万不要说,那就是"现在可以笑了"。

在演讲的场合特别容易听到这句话,对吧?比如,有人说了一个笑话,但没有人捧场,于是他就说:"现在应该笑才对哦。"

这样不仅无法缓解气氛，而且**可能使场面更加尴尬**。正是因为他的哏不好笑，大家才不笑，可是他又用高高在上者的语气命令大家，当然会使气氛更加尴尬。就算大家真的笑了，也只是勉强配合而已。所以说，此时最需要做的是放低自己的身段。

别忘了，成功逗笑大家之后，不要留恋，立刻进入下一个话题。有些人会在成功将大家逗乐之后，补上一句"终于让大家笑出来了""你们总算肯捧我的场了"之类的话，这显然是画蛇添足，只会打乱讲话的节奏。再强调一次，成功逗笑大家后，立刻结束，直接开始下个话题！

公式 55　**说错话不用怕，巧用妙招补救它。**

结语

我作为电视节目导演,每天脑子想的就是如何将电视机前的观众朋友逗乐。

记得我刚做导演时,非常努力,总是希望将自己觉得有趣的东西做成节目,拼命展现自己的能力。那时,我做节目的原则是只用流行的技术做当红的题材。

而现在,我做节目只有一个原则,那就是"有趣"。说真的,我一点也不在意收视率,只希望观众看过节目之后,能够开怀大笑。幸运的是,我做的节目大都得到了观众的喜爱。

与做节目一样,与人交谈也要秉持"有趣"的原则。不过,想要说出有趣的话,就得先成为有趣的人。因为有趣的人比较容易被大家接纳。

结语

为什么有趣的人容易被大家接纳呢？那是因为有趣的人懂得敞开胸襟，接纳别人。听起来有点玄妙……总之，想成为有趣的人，最重要的一点就是**展现笑容**。

不管是口拙也好，紧张也罢，先露出笑容吧！大脑是个不可思议的器官，当它感受到主人在笑时，就会以为现在遇到了有趣的事，并命令心情跟着开朗起来。因此，无论怎样，先展现笑容吧！当大脑读取到这个信号后，你的心情就会跟着改变。

假如光想而不行动，结果仍是在原地踏步。所以我建议先行动再说。只需要一点点勇气，展现笑容就行了！

如果你参加过综艺节目就知道，即使你觉得自己表现得相当自然，但节目播出后，你还是会大吃一惊：明明我的动作和表情都和平时一样，但在电视上看却像是摆着一副臭脸。因为每个上电视的嘉宾都希望能用笑容带给观众欢乐，所以大家都拼命地展露笑容，相较之下，你就显得过于严肃了。

换个角度想，原来只要露出笑容，就能营造出愉快的氛围。

想要成为有趣的人，就要先学会欣赏别人的有趣之处。每个人都喜欢别人露出笑容，认真听自己说话。不过，笑容要发自内心，而不是惺惺作态，不停傻笑。心态很简单，就是要与人为善。

如今，越来越多的人因为不会聊天而感到苦恼。其实，他们的问题大都来自一点：太过在意对方的看法。一直为自己是否受人喜爱而提心吊胆的人，绝对无法变得有趣。因为这样的人总是表现出一副闷闷不乐的样子。

通过笑容展现率真开朗的性格，并将愉快的情绪传达给对方。这么一来，谈话的气氛就会变得轻松愉快。然后，再照着本书介绍的技巧去实践。相信我，你一定会对大家的反应感到惊讶。

　　希望这本书能够改善你的沟通能力，让你的周围充满欢乐的笑声。

　　有趣的人能给自己和他人带来快乐。
　　有趣的人能给自己和他人带来信心。

　　通过自己的勇气与笑容，努力让自己成为一个有趣的人吧！

　　　　　　　　　　　　　　　　　　　吉田照幸

图书在版编目（CIP）数据

成为有趣人的55条说话公式 ／（日）吉田照幸著；郑舜珑译. ——北京：中国传媒大学出版社，2017.12
ISBN 978-7-5657-2154-0

Ⅰ.①成… Ⅱ.①吉…②郑… Ⅲ.①语言艺术－通俗读物 Ⅳ.①H019-49

中国版本图书馆CIP数据核字（2017）第 222010 号

"Omoshiroihito" no Kaiwa no Koshiki
Copyright © 2015 Teruyuki Yoshida
Originally published in Japan in 2015 by SB Creative Corp.
Simplified Chinese Translation rights arranged with SB Creative Corp.
through jia-xi books co., ltd., Taiwan,R.O.C.
Simplified Chinese Translation copyright © 2017 by Beijing Jinrijinzhong Bookselling Center

北京市版权局著作权合同登记图字：01-2017-7098 号

成为有趣人的55条说话公式
CHENGWEI YOUQU REN DE 55 TIAO SHUOHUA GONGSHI

著　　者	[日]吉田照幸
译　　者	郑舜珑
总 策 划	北京今日今中图书销售中心
责任编辑	欧丽娜
责任印制	阳金洲
封面设计	北京今日今中图书销售中心
出　　版	中国传媒大学 出版社
	地址：北京市朝阳区定福庄东街1号　　邮编：100024
	电话：86-10-65450532　65450528　传真：65779405
	http://www.cucp.com.cn
出品发行	北京今日今中图书销售中心
	电话：(010) 51336038　邮箱：tmsy188@163.com
经　　销	全国新华书店
印　　刷	北京印刷集团有限责任公司印刷一厂
开　　本	787mm×1092mm　1/32
印　　张	7
字　　数	110千字
版　　次	2018年1月第1版　2018年1月第1次印刷
书　　号	ISBN 978-7-5657-2154-0/H · 2154　　定　价：32.80元

版权所有　　侵权必究　　印装错误　　负责调换